JN409369

야래향

야래향

이부열 제4 수필집

수필과비평사

| 작가의 말 |

세 번째 수필집을 낸 지 10년의 세월이 흘렀다. 십 년이면 강산도 변한다는 긴 세월인데 그동안 무슨 일을 하고, 어떻게 살았는지 별 흔적이 없다. 후배들의 글쓰기 지도도 해왔으나 막상 자신의 작품 쓰기에는 게으름을 피워 작품 같은 글을 몇 편 쓰지 못했다. 매년 발간하는 수필문학 동인지와 원고 청탁을 받은 몇몇 수필지에 실었던 작품들을 모았다.

고희의 언덕을 넘으면서 '아름답게 늙는 지혜'를 배우기 위해 일본의 여류작가 소노 아야코의 《계로록戒老錄》을 탐독했다. 꿈과 일이 없는 노인이 안 되려 안간힘을 쓰는 것이다.

그동안 전국 곳곳에서 발행되는 수필문예지도 많이 늘었지만 수필가로 등단한 신인의 수도 크게 늘었다. 신인의 대거 등장과 왕성한 작품 활동은 수필문학 발전에 청신호가 되고 있으나 자칫 수필집 양산으로 독자 확보에 장애 요인이 될까 두렵다.

혹자는 요즘 수필집이 홍수처럼 쏟아진다고 비아냥거린다. 서점에서 판매되는 수필 전문지의 인기가 다른 장르의 문학지에 비해 두드러지지는 않지만 꾸준히 발간되는 수필동네의 고정 독자가 있어 그나마 다행이다.

네 번째 수필집 상재를 하느냐, 마느냐로 많이 망설였다. 수필집 홍수시대에 또 한 권의 수필집을 출판해 독자의 입에 넣어드려도 뱉어내는 꼴이 되면 어쩌나 하는 기우가 앞섰기 때문이다. 그러나 글을 쓰고 발표하는 것이 작가의 사명이 아닐까 하는 생각으로 그동안 모아놓은 글을 묶어 염치없이 또 한 권의 책을 내놓는다. 저의 졸고에 각별한 애정을 가지고 책을 엮어주신 '수필과 비평사' 유인실 주간과 관계자, 삽화를 그려준 아내, 문우들의 격려, 교정을 봐주신 이명길 수필가에게도 감사드린다.

2017. 시월에

이부열

|축시|

양명학[*]

중국 사천성四川省에 가면
물거품涪을 일구면서 창창蒼蒼히 흐르는
부강涪江이 있어, 장강揚子江을 이루지.

형님의 이 어려운 이름자 때문에 연세대에서
국보 양주동 박사님도 출석을 부르시다가
진땀을 흘렸다는 일화逸話는 유명하지만

그래서 그런지는 몰라도
형님의 생애는 늘 부강처럼 창창했지.

---

* 울산대학교 명예교수, 시인, 수필가.

평생 직장을 여남은 번도 더 바꾸고서도
직심直心 정론正論에 어긋나면
거침없이 떠나버리는 그 돌올突兀한 자존!

신언서판身言書判이 칼 같고 얼음 같음은
선비 가문의 적손嫡孫임이 분명하고,
반생을 언론에 종사하고서도 도무지
기자 냄새가 나지 않음은
말言 속에는 독이 있음을 알고 있음이리라.

천년 전이나 만년 후에도 부강涪江은 흘러
장강揚子江으로 유유悠悠하듯이
산수를 바라보는 형님의 생애도 아직
부강처럼 깔끔하게
흐르고 있구나.

CONTENTS

이부열 제4 수필집

야래향

제1부 은사의 편지

제 2부 야래향

제3부 내 벗이 몇이나 하니

제4부 듣고 싶은 소리

제5부 외솔과 금목서

제1부
은사의 편지

60년의 불편한 동거

"바다에 빠져 죽은 사람보다 술에 빠져 죽은 사람이 더 많다." 17세기 영국의 역사가 T.풀러가 한 말이다. 과음의 위험과 폐해를 풍자한 것 같다.

"술 이기는 장사 없다."는 속담도 있다. 과음으로 건강을 해치는 애주가가 많다는 뜻이다. 술을 좋아하여 자주 마시던 친구 가운데 상당수가 이미 유명을 달리한 것을 보면 실감이 난다. 술에 취해본 사람 가운데 후회해 보지 않은 사람도 드물 것이다. 술에 취하면 정상을 벗어나 망언이나 망동을 하기 십상이고, 술이 깨면 이를 후회하기 마련이다. 주객이 술을 끊겠다는 맹세만큼 허망한 것도 없다. 작심삼일로 끝나기 일쑤니까.

일찍이 중국의 학자 주자도 열 가지 후회 가운데 취중망언 성후회醉中妄言 醒後悔라는 말을 남기지 않았던가. 술은 고대사회로부터 현재에 이르기까지 전 인류가 즐기며 남용해온 음료이지만 백약의 으뜸이요, 만병의 근원이라 했다.

나의 아버지는 오랜 객지 생활과 사업 실패 때문인지 술에 의존하는 삶을 살다가 알코올 중독으로 회갑도 넘기지 못하고 돌아가셨다. 아버지의 단명과 가산 몰락이 술 때문이라 여겨져 학창시절부터 술은 나에게 호감의 대상이 아니었지만, 체질에도 맞지 않았다.

대학 시절, 작가 지망생이던 나는 선배, 문우들과 어울려 서울 신촌 선술집을 자주 드나들어야 했다. 술도 한잔 못 하면서 무슨 문학을 하고 글을 쓰냐며 왕따를 시킬까 봐 은근히 겁을 먹고 있었기 때문이다. 당시 양주동 선생을 비롯한 수주 변영로, 공초 오상순, 횡보 염상섭, 조지훈 시인 등 학계·언론계·문학계 대가들이 호주가라 술과 문학을 떼어놓을 수 없었다. 술을 마시지 못하면 문학과는 인연이 없는 것으로 인식되기도 했다. 어렵사리 대학에서 낙오하지 않고 졸업은 했지만 문학도 술도 제대로 배우지 못하고 흉내만 내는 꼴로 허송세월했다.

군에 입대, 전방부대 보병 소대장으로 근무할 때다. 환영회다, 송별회다 하여 장교들의 회식이 잦았다. 어련히 술이 등장했으나 부대 주보에서 판매되는 소주가 고작이었다. 처음에는 몸이 아프다는 핑계로 술잔을 거절했다. 거짓말도 여러 번은 통하지 않아 결국 술잔을 받았다. 소주 한 잔에 홍당무가 되고, 석 잔을 받아 마시고는 인사불성 상태로 오므라이스(토해낸 음식물)를 만들어 난장판을 이루곤 했다.

방송사에 입사하여 기자로 동분서주할 때이다. 출입처 취재원과 식사 시간이 마련되면 밥만 먹고 도망가기에 바빴다. 2차로 술집에 가자고 할까 봐 미리 겁을 먹었다. 술이 무서워서다. 그런데 술좌석에 자주 빠지니까 뉴스 취재에도 문제가 있었다. 주당 기자보다 취재원 접촉이나 활동

범위가 좁아 다방면의 정보 확보에 뒤지는 것 같았다.

그때부터 술 잘 마시는 동료가 부러워 나는 음주량을 늘리는 데 심혈을 기울였다. 기회만 생기면 단단한 각오로 마셨으나 마실수록 괴롭기만 한 것이 술이었다. 결국 소주 두 잔 이상을 마실 수 없는 술 실력으로 방송사를 떠났다.

산업용 가스를 제조 판매하는 중소기업 대표이사로 직장을 옮겼다. 그 자리 역시 잦은 술 접대와 골프 접대 등을 잘해야 하는 역할이 주 업무 중의 하나였다. 자신은 술을 마시지 않으면서도 상대방을 취하게 마시도록 접대하기가 쉬운 일이 아니었다. 주량을 늘리기 위한 연구에 갖은 노력을 다 기울였으나 뾰족한 방법을 찾지 못했다.

희수를 넘기는 나이가 되어 주위를 살펴본다. 인연 따라 만났다가 헤어진 수많은 지인 가운데 2차, 3차를 전전하며 음주를 즐기던 주당 대부분이 이미 세상을 등지고 불귀의 몸이 되었다. 부음을 받고 장례식장에 갈 때마다 웅성대며 들리는 소리가 '술에는 장사 없다.'는 것이다. 먼저 간 선배나 동료들이 하필이면 과음이나 폭음을 자주 하던 분이라

수명이 술과 무관하지 않다고 여겨진다. 나는 주량이 약해 술을 즐기는 동료들과 끝까지 마시지 못하고 뺑소니를 자주 치는 바람에 '뺀질이'란 별명이 붙는 수모까지 당해 왔다. 젊음도 건강도 가는 세월 앞에는 어쩔 수 없지만 뺀질이라 손가락질받던 나는 아직 건강을 유지하며 숨을 쉬고 있지만 장수가 축복인지 재앙인지 회의에 젖어 있다.

사회생활을 하면서 술 없이 살 수 없는 것이 현실이다. 기뻐서 한 잔, 슬퍼서 한 잔, 외로워서 한 잔, 그리워서 한 잔, 화가 나서 한 잔, 피곤해서 한 잔, 그렇게 마시는 것이 술이다. 이왕 마셔야 하는 술이라면 맛있게, 즐겁게, 멋스럽게 마시면 금상첨화겠지만 그렇게 되지 않는 것이 음주의 실태인 것 같다.

옛 선비들은 멋과 풍류를 곁들여 주도에 따라 술을 마시기도 했지만 술주정으로 여러 가지 음주 기행을 남기기도 했다. 갖가지 음주 기행 가운데 현대 문학사에 길이 남을 '백주나체 승우사건 白晝裸體 乘牛事件'이야말로 그 으뜸이라 할 만하다. 이는 당대의 유명 인사들인 변영로, 염상

섭, 오상순, 이관구 등 네 분이 서울 성균관대학교 뒷산에서 대취하여 모두 나체로 소를 타고 백주대로를 행진하여 소동을 벌인 사건이다. 변영로 수필집 《명정 40년》에 상세히 전해지고 있다.

부인을 극진히 사랑한 미당 서정주 시인은 치매로 고생하던 부인이 숨지자 그날부터 곡기를 끊고 맥주로 연명하다 50여 일 뒤에 뒤따라 승천했다. 서정주 시인도 맥주라는 술을 마시지 못했더라면 어떻게 슬픔을 달랬을까? 음주기행 치고는 너무 슬픈 사연이다.

60여 년 계속되어 온 술과의 불편한 동거를 내 생전에 끝낼 수는 없을까. 멋과 풍류가 깃든 애교스런 술주정 기행이라도 남기고 싶은 것이 소망이기도 하다.

(2016. 6.)

입에 맞는 떡

"길을 두고 뫼로 가랴."라는 속담이 있지만 사람은 언제나 최선의 길을 택해 살아가기 마련이다. 사형 집행장으로 끌려가던 죄수가 물이 고인 길이 나타나자 이를 피해 가더라는 이야기를 들은 바 있다. 몇 분 후면 형장의 이슬로 사라질 목숨이건만 눈앞의 장애물을 피해서 가는 것은 최선의 길을 택하는 인간의 본능 때문이 아닐까. 하지만 굴곡의 인생을 살다 보면 최선의 길만을 고집할 수 없다. 어쩔 수 없이 가파른 길도 가고 진흙길이나 가시밭길도 가야 한다.

지난날을 되돌아보면 향학의 길과 결혼의 길, 직장의 길 등 여러 길을 거쳐 오면서 최선의 길만 택하지 못한 것이

회한의 상처로 남기도 한다. 고등학교 진학을 앞두고 어느 학교로 가느냐로 고심하고 있을 때 진학 담당 선생님의 권유로 상업이 무엇인지도 모르면서 상업학교로 진학, 내 인생의 중요한 전환점이 되었다. 상업학교에 입학한 후 이 길이 내 운명인 양 살아왔지만 어려운 일에 부닥칠 때마다 인문학교로 갔더라면 하는 후회가 쌓이곤 했다. 당시 상업고등학교의 필수 과목인 주산과 부기는 낙제점수를 겨우 면할 정도로 소홀히 하면서 문예부에 들어가 문학 작품에만 심취했다. 이미 잘못 들어간 길을 되돌릴 수는 없었던, 차선의 길로 우회한 내 인생 역정의 한 편린片鱗이었다.

작가가 되겠다는 청운의 꿈을 안고 대학은 문과로 진학했다. 하지만 문학 공부는 뒷전이고 학비를 스스로 벌지 않으면 학업을 계속할 수 없는 경제적인 위기를 맞았다. 학점을 따는 데 급급했을 뿐 문학 공부는 사치에 불과했다. 가까스로 학업을 마치고 생존을 위한 직장생활이 시작되었다. 어렵사리 구한 첫 직장도 2년이 채 안 되어 최선의 길이 아니라는 판단이 내려져 사직했다. 그 뒤 방송사와 기업체 신문사를 전전했지만 최선의 길이라고 만족할 곳은 없었다.

나에게 문학은 첫사랑 같은 것이었는지 질곡의 삶을 살면서 문득문득 그리워졌다. 10여 년 동안 방송사의 기자로 근무하면서 수없이 원고지를 메웠지만 생계유지의 수단이었을 뿐 문학작품을 읽고 쓰는 일에는 시간을 할애하지 못했다.

내 인생 장거리 경주의 반환점을 넘어선 어느 날 미국의 사상가 H.D. 소로의 수상집 《월든》을 읽을 기회가 있었다. 《월든》의 저자 소로는 그 어떤 것에도 속박되지 않은 자유로운 인간의 길이 무엇이며, 진정 참된 삶과 진실이 무엇인가를 찾는 구도의 길을 걷기 위해 숲으로 들어갔다고 했다. 미국이 산업사회의 길로 내닫던 시절, 명문인 하버드대학을 나온 전도양양한 청년 소로는 자본주의의 거대한 톱니바퀴에서 탈출해 혼자 힘으로 한 칸짜리 오두막집을 지은 후 자급자족의 삶을 시작했다. 2년 2개월 동안 월든 호숫가의 유폐생활을 하면서 역작 《월든》을 저술했다. 명문대학을 나왔지만 그가 다른 급우들과 달리 세속적인 출세 가도를 거부하고 참된 삶을 찾아 숲 속으로 들어갔다는 용기에 나는 감명을 받았다.

하루 세끼의 식사 해결에 전 생애를 걸고 아웅다웅 살아가는 자신의 삶이 초라하고 비굴한 것 같았다. 삶의 의미와 보람이 무엇인지를 다시 생각해야 했다. 미련으로 남아 있던 문학이 내 삶의 새로운 가치관으로 부각되었다.

오랜 고뇌의 세월 뒤에 다시 시작한 것이 수필이란 문학의 장르를 통해서 내 삶을 재조명하는 것이었다. 이 세상에 입에 맞는 떡이 없다고 예로부터 적구지병適口之餠이란 사자성어가 전해지고 있지만 '삶에 최선의 길은 무엇인가.'에 대한 정답을 찾기 위해 열 번이 넘도록 직장을 옮겨가며 답안을 작성했지만 정답은 나오지 않았다. 세파에 시달린 질곡의 삶은 청운의 꿈마저 저버리게 했다. 하지만 버리지 못한 문학에 대한 미련을 다시 붙잡고 참된 삶과 진실에 대한 이야기라도 기록하는 것이 정답을 찾기 위해 허둥거리던 방황을 멈추게 하지 않을까 싶었다.

이미 해는 기울어 서산을 붉게 물들이고 있는데 《월든》 저자 소로를 생각하며 한 편의 글이라도 더 썼으면 한다.

은사의 편지

외출했다가 보금자리로 돌아올 때 습관처럼 확인하는 것이 우편함이다. 아파트 입구에 마련된 우편함은 심심찮게 전해줄 소식을 안고 있다. 특별히 기다리는 대상은 없어도 매일 확인하는 보람이 있도록 카드 사용료 고지서나 통신요금 사용 고지서, 주문한 월간 서적. 아파트 관리비 고지서, 각종 행사 초청장 등의 우편물이 끊이지 않고 배달된다.

우편물 중에서 반가운 편지가 있나 싶어 뒤적거려 보지만 매번 헛수고다. 젊었던 시절 한때 자주 받던 여인의 편지가 생각나서일까. 지금은 어디서 어떻게 사는지도 모르는 그 여인, 밤을 새워 써 보냈다던 그 육필의 편지가 그리워진다.

손편지를 써 보내거나 받아본 지가 꽤 오래된 것 같다. 언제부턴가 우리 사회는 아날로그 시대에서 디지털 시대로 변화하면서 통신수단으로 이메일이나 스마트폰이 주류를 이루고 있어 육필의 편지는 시대의 폐물로 밀려나고 말았다. 먼 곳에서 손자들이 어쩌다 다녀가면 "그래 잘 가, 자주 연락해라." 하고 손을 흔들어 보낸다. 다음 날 "할아버지, 잘 도착했어요." 문자한 마디면 끝이다. 그러니 번거로운 편지를 쓸 이유가 없는 것이다.

며칠 전 서재를 정리하다 빛바랜 스크랩북 한 권을 발견했다. 20여 년 동안 뒤 골방에 책들과 같이 방치됐던 골동품이다. 검은 표지에 뽀얗게 묻은 먼지를 훔쳐내고 첫 장을 열었다. 첫 수필집을 출판했을 때 받은 육필의 축하편지 30여 편이 발견되었다. 잃어버린 귀중한 보물을 찾은 것처럼 반가웠다, 강범우, 원종린 선생님 등 몇 분은 이미 돌아가셨고 연락처가 없어 생사를 알 수 없는 분들이 대부분이었다. 특히 감동을 주는 것은 은사 김석득 선생님의 육필 축하 편지였는데 귀중한 은사의 편지가 20여 년 동안 있었는지조차 몰랐다는 것이 죄스럽기만 했다.

은사님은 외솔 최현배 선생님의 수제자로 재학시절 '한국어 형태론'을 강의하셨는데 친형같이 인자하신 선배이기도 했다. 이 제자의 졸작 수필집을 받아 읽으시고는 과찬의 말씀으로 독후감을 써 주셨는데 "계속 이 솜씨가 끊임없이 이어지기를… 이만 줄인다."는 격려의 글로 끝맺음을 해주셨다. 육필의 사연도 사연이지만 펜으로 쓰신 글씨가 달필의 수준을 넘은 명필이어서 비록 서예작품은 아닐지라도 귀중한 가보로 간직하고 싶어진다. 추사 김정희나 한석봉의 명필 글씨보다 나에게는 은사님의 달필 편지 한 통이 더 소중한 것임을 뒤늦게 깨달았다. 내 생애에 만난 가장 아름다운 손편지가 아닐까 싶다. 가끔 대중이 모이는 행사장에서 인기 가수나 운동선수에게 사인을 받으려 줄을 서는 젊은이들의 심정을 이해할 것 같다.

김석득 선생님은 국어학자로 평생을 모교에서 후진 양성에 힘써 오셨고 《우리말 형태론》, 《국어 구조론》, 《한국어 연구사》, 《주시경 문법론》 등 우리말 발전사에 길이 남을 10여 권의 역작을 저술하셨다. 부총장을 역임하시고 정년으로 퇴임하신 후에도 외솔회 회장의 직책을 맡는 등 외솔의 학문과 정신을 이어받아 선양하는 데 온 힘을 쏟았다. 이제는 선생님도 세월의 무게를 이기지 못하고 노환으로 거동마저 불편하시다니 안타까울 뿐이다.

손편지의 가치와 소중함은 세월이 갈수록 커지는데 옛날에 받았던 그 많던 편지를 다 없애버린 것이 애석하기 그지없다. 이제는 그 귀중함을 알면서도 손편지 쓰기에 인색한 자신이 원망스럽고 행여나 하고 남의 육필 편지를 기다리는 슬기롭지 못한 짓을 하는 자신이 한심스럽기만 하다.

"젊음의 잘못된 습관을 치료할 수 있는 유일한 의사는 바로 시간이다."라고 스페인의 옛 철학자 그라시안이 말했지만 그 악습을 고칠만한 시간마저 다 잃었으니 어찌하랴.

스마트폰, 카톡, 문자메시지. 이메일 등의 기능을 활용해 사연을 간단하게 보낼 수 있는 편리한 세상이라 이 모두가 디지털화 되어간다. 변화하지 못하는 아날로그 기기는 소외된 노인의 슬픈 모습이다.

우체국 앞이나 큰길가에 설치돼 길손의 눈길을 끌던 빨간 우체통은 손편지를 전해 달라고 맡기는 큰 함函이었다. 이제 그 우체통도, 공중전화 부스도 세월의 뒤안길로 서서히 사라지고 있다. 손편지를 쓸 기회가 없으니 우체국에 가서 편지봉투에 우표 붙일 일은 더욱 없다. 우표 한 장의 값이 얼마인지 몰라도 별 불편 없이 살고 있음이 신기하다.

고은 시인은 〈가을 편지〉라는 시 첫 구절에 "가을엔 편지를 하겠어요. 누구라도 그대가 되어 받아주세요."라고 읊었다. 뒷날 가수 김민기가 대중가요로 변모시켜 가을 노래의 명곡이 된 노랫말이다. 낙엽이 쌓이는 가을에 유독 그리운 여인이 있지 않았을까 싶다.

굳이 가을이 아니라도 오늘은 편지를 쓰고 싶다. 소식이 궁금한 분들에게 엽서라도 구입해 펜으로 옛이야기를 담아 보내고 싶다. 내 몸과 마음이 더 늙고 메마르기 전에.

악필의 열등감

천부적인 소질도 계발하기 나름이다. 운동이나 예능 분야에서 타고난 재주가 있어도 혹독한 훈련을 거치지 않는다면 발전할 수 없는 것은 자명한 일이다.

글을 배우고 쓰면서 글씨 때문에 한 번쯤 고민해 보지 않은 사람이 있을까? 초등학교 시절에는 잘 쓴 글씨나 못 쓴 글씨의 차이가 별로 나지 않아 악필에 대한 고뇌가 없었다. 중학교를 거쳐 고등학교에 입학했을 때 1학년 같은 반 짝지의 글씨를 보고서야 내 글씨가 악필임을 깨닫고 타고난 소질이 없다고 비관하기까지 했다. 그때 짝지는 우리 반 반장으로 공부를 잘했고, 노트에 정리한 글씨도 활자로 찍은 듯이 썼다. 백지의 글씨도 자를 대고 줄을 그은 것 같았다.

나는 친구의 글씨를 흉내라도 내 보려고 애를 써 봐도 근접마저 불가능했다. 조선조 명필 한석봉의 글씨 이야기를 배우긴 했으나 그래도 타고난 재주가 있어야 하나 보다 싶어 체념하기도 했다.

대학을 다닐 때 시골 초등학교 여교사와 1년여 동안 펜팔을 한 적이 있었다. 편지를 쓸 때마다 최고의 고민거리는 글씨였다. 문학공부를 하면서 대학 신문에 작품을 발표하기도 할 때여서 문장 구사로는 한 여자의 마음을 움직일 만하다고 생각했으나 글씨가 마음에 들지 않았다. 미사여구를 총동원한 애절한 사랑의 편지를 쓰면서도 글씨의 열등감 때문에 찢고 또 찢고 하여 두 쪽짜리 편지를 완성하는 데 밤잠을 설치기도 했다. 최악의 악필은 면했다고 생각되는 지금 나의 글씨가 그때 초등학교 여선생과 펜팔이 없었더라면 불가능했을 것 같아 그 여인에게 고마움을 느낀다. 연애편지를 자주 쓴 사람치고 악필이 없다는 이야기에 수긍이 갔다.

대학을 졸업하고 지방 방송사의 기자가 되었다. 텔레비전의 방송이 도입되기 전 라디오 방송 기사를 주로 작성할 때이다. 뉴스가 취재되면 수시로 방송이 되었으나 지방 방송사의 뉴스 시간이 제한되어 있어 비중이 큰 뉴스가 아니면 시간마다 방송할 수가 없었다.

하루의 제일 중요한 뉴스는 정오 뉴스였다. 출근과 동시에 출입처에 나가 취재에 임하지만 정오 뉴스에 맞추기 위해서는 언제나 시간에 쫓겼다. 가뜩이나 악필인데 초분을 다투는 기사를 작성해 데스크로 넘기면 사전에 한 번 읽어볼 시간도 없이 뉴스를 방송해야 할 때는 아나운서의 고충이 이만저만이 아니었다. 시급을 다투는 사건 기사 외엔 되도록 여유 있게 기사를 작성해 데스크에 넘기지만 악필의 후유증은 발생하기 일쑤였다.

뉴스를 방송하는 신인 아나운서의 경우, 나의 악필이 오보를 유발해 모니터 보고에서 지적된 사건이 있었다. 책임은 애매하게도 기자가 아니라 아나운서가 지게 되어 그 죄의식이 나를 항상 괴롭히곤 했다. 10여 년간의 뉴스 작성 속필 버릇은 좀체 나의 악필을 개선할 수 없게 했지만 지금도 그 버릇이 고쳐지지 않고 있다.

조선일보에서 명칼럼을 썼던 이규태 선배를 작고하기 전에 사석에서 만난 적이 있었다. 6천여 회가 넘는 칼럼을 쓴 귀중한 자료와 정보를 어디서 어떻게 구하며, 명칼럼을 쓰는 비결이 무엇이냐고 물어보았다. 당시는 활자로 식자하여 신문을 발행하던 때라 자기의 문화면 악필 기사를 공무부에 넘기면 식자공이 활자 선택에 곤혹을 치렀다고 했다. 이 선배는 자기의 글씨가 악필 중의 악필이어서 궁여지책으로 대안을 마련한 것이 타이프라이터를 이용하는 것이었다. 악필 문제 해결책으로 타이프라이터와의 인연이 이루어졌으며 컴퓨터 사용의 선구자가 되는 계기가 되었다는 것이다. 다른 언론인들보다 먼저 컴퓨터를 이용하게 됨에 따라 많은 정보와 지식의 자료들을 입력, 저장할 수 있어 20여 년 동안 국내 신문 최장수 칼럼 6천여 편을 연재할 수 있었다고 했다. 악필의 전화위복으로 성공한 언론인이다.

재난과 환난이 바뀌어 복이 된 예는 흔하지만 나는 불행하게도 이 선배처럼 악필로 인한 인생 역전의 행운을 얻지 못했다. 그러나 뒤늦게나마 컴퓨터의 자판기 신세를 질 수 있어 악필의 수고를 덜게 된 것만 해도 다행이라 여겨진다. 비교적 글을 많이 써야 하는 직업으로 일관해 왔기에 컴퓨터자판기라도 이용할 수 없었더라면 악필의 고통이 내 삶에 주름살을 더 늘게 했을 것 같다.

자판기나 문자 보내기의 기계화가 글씨의 달필이나 명필의 가치를 삼켜버린 세상이 되었다. 글쓰기의 천부적인 소질을 타고나지 못한 열등감에서 이제야 벗어나나 보다.

추억의 떡

음식을 맛있게 먹을 때는 즐겁지만, 생존을 위해 억지로 먹어야 할 때는 슬프다. 가끔 가족이나 지인 문병 시 환자에게 제공되는 식사를 볼 때가 있다. 그것은 맛으로 먹는 식사가 아니라 살기 위해 약처럼 먹어야 하는 슬픈 식사다. 배가 고플 때는 맛없는 음식이 없다. 예로부터 시장이 반찬이라 하지 않던가.

일제강점기와 6·25전쟁을 겪은 우리 세대는 배고픔을 당해 보지 않은 사람이 드물 것이다. 나는 대학을 졸업하고 군 복무를 마칠 때까지 굶주리지는 않았어도 배고픔을 당해 본 적이 있다. 국민소득이 낮아 모두가 요즘처럼 풍족하게 먹고 맛을 즐기며 살 수가 없었다. 그러기에 영양 섭취 과다로 비만을 고민하는 사람도 드물었다. 가끔 모임에 나가 식사를 할 때 대부분이 과체중 때문에 걱정을 한다. 배고프게 살 때가 언제였는데 이런 현상이 빚어지고 있나 싶어 세상살이의 무상함을 느낀다.

농자천하지대본이란 표어가 사회를 지배할 때 어린 시절을 보낸 세대는 춘궁기를 겪어 음식을 맛으로 먹기보다 배를 채우기 위해 먹기 일쑤였다. 보리밥에 김치와 된장찌개로 하루 세끼의 식사라도 챙길 수 있었던 나는 중산층에 속했지만 간식이 없어 허기진 배를 쓰다듬을 때가 많았다. 시간만 나면 개울에 나가 피라미와 미꾸라지 등 민물고기를 잡아 영양 보충을 했으며 겨울에는 칡, 봄철엔 송기를 간식거리로 삼았다. 가을이 되면 그나마 먹을거리가 있어 쉽게 허기를 면할 수 있었다. 그 가운데 감과 찐쌀이 한몫을 했다. 찐쌀은 벼가 여물기 바쁘게 베어 만들었기에 문전옥답의 벼가 빨리 익기만을 고대하던 추억이 아련하다. 찐쌀을 한입 가득 물고 씹을 때의 그 구수한 맛은 천하 진미였다. 옛 찐쌀의 맛을 못 잊어 지난가을에 시골 장에서 구해 먹어봤지만 옛날의 그 맛을 찾을 수 없었다. 입맛이 변한 것인지 찐쌀 맛이 변한 것인지 알 수 없었다. 입맛도 시류에 따라 변하는가! 칡도 옛 맛이 아니고 감도 옛 맛이 아니었다.

가을 추수가 끝나고 농촌의 일거리가 한가해지면 서늘한 바람이 겨울을 부르기 시작한다. 농촌 지역에서는 겨울이 오기 전에 반드시 해야 할 과제가 있었다. 풍성한 가을 수확을 조상의 은덕으로 돌려 집집마다 햇곡식으로 빚은 청주와 떡, 햇과일 등으로 제물을 준비해 시제 즉 묘사를 지내는 것이었다. 휴일에 이 산 저 산 흰옷 차림의 제관들 모습이 보이면 기회를 놓칠세라 동네 아이들은 너도나도 묘사를 지내는 현장으로 모인다. 시제가 끝나면 제물의 과일과 떡을 나눠주는 관례가 있었다. 시루떡과 송편 등 몇 가지 떡을 몰려온 아이들에게 나눠주었다. 그 한 몫을 받아 쥐면 하늘을 날고 싶은 기분에 젖었다. 노란 콩고물이 묻은 시루떡 한 조각을 입안에 넣으면 고소하고 달콤한 맛은 어디에 비길 데가 없었다.

남루한 옷을 입고 밥통을 들고 식사 시간에 맞춰 가정방문으로 밥을 구걸하는 사람들이 있었다. 그런 사람을 거지(걸인)라 했다. 걸인이 밥을 달라 하면 먹던 밥을 나눠주면서도 싫은 표정을 짓지 않았다. 묘사에 떡을 얻기 위해 가는 것도 일종의 구걸 행위다. 하지만 누구 하나 구걸 행위로 보는 사람도 없고 욕하는 사람도 없었다. 오직 어른들의 자비요 아이들의 애교였으며 인정과 나눔의 장이었다.

어린이나 청년들이 떼를 지어 주인 몰래 훔쳐 먹는 서리라는 장난이 유행했다. 참외서리, 수박서리, 고구마서리 심지어 닭서리까지 죄의식 없이 저질렀다. 엄연한 농산물 절도 행위였으나 피해 주인은 애교나 관례로 받아들일 뿐 문제 삼는 사람이 없었다. 이 모두가 배고픔을 달래기 의한 장난기 어린 민속 행위였다. 길가 고추밭에서 고추 몇 개를 따도 농산물 절도로 고발하는 오늘의 인심을 생각하면 격세지감의 세월을 느끼지 않을 수 없다.

배는 고팠어도 인정이 시장기를 달래주던 옛 시절이 그

립다. 추수가 끝난 들판에 노적가리가 농가의 한숨을 거두고 단풍이 동산을 아름답게 물들일 즈음 줄을 서서 얻어먹던 묘제의 시루떡은 언제 어디서 다시 맛볼 수 있을까!

신호등

네거리의 신호등은 차량의 진행과 멈춤을 지시하는 생명의 수호신이다. 승용차를 운전하다 보면 하루에도 수십 번 신호등을 만나지만 파랑 신호에는 미소가, 빨강 신호에는 짜증이 나기가 십상이다. 파랑 신호를 놓쳐 봤자 2~3분 정도면 다시 파랑을 만나는데도 그 기다림이 싫어 조바심을 낸다. 심지어 새벽이나 늦은 밤 한가한 시간에는 생명 수호신의 명령도 아랑곳하지 않고 신호 위반 운전을 하는 운전자를 종종 목격한다, 요행을 바라고 강행을 하지만 위험천만한 짓이다. 운전하다 보면 교통법규를 완벽하게 지킬 수는 없지만 고의성이 있는 신호 위반은 자살 행위나 다름 없다.

선진국보다 자동차의 역사가 짧은 우리의 경우 교통법규 위반을 가볍게 생각한다. 미국이나 유럽의 경우 차량의 왕래가 없는 심야, 지켜보는 이가 아무도 없는 10차선 도로의 네거리에서도 파랑 신호가 아니면 결코 건너가지 않는 것이 상식이라는데 우리의 공중도덕과는 거리가 멀다.

지난 연말 나는 신호등 네거리에서 교통사고를 당했다. 어둠이 깔린 새벽, 자가 운전으로 파랑 신호를 받고 직진하는데 왼쪽에서 적신호를 무시하고 달리던 승용차가 나의 승용차 엔진 부분을 받았다. '꽝' 하는 순간 정신을 잃었다. 정신을 차려 보니 안전벨트와 에어백이 나를 감싸 안고 있었고 손발이 움직여져 살아 있음을 직감할 수 있었다. 운전석 문이 열려 밀고 나왔더니 현장을 목격한 몇몇 사람이 다가와 괜찮으냐고 물었다. 얼굴에도 몸에도 피 한 방울 보이지 않을 뿐 아니라 통증도 없었다. 곧이어 사고 연락을 받고 온 경찰이 차와 운전자를 점검했다. 승용차는 폐차해야 할 상태로 망가졌는데 운전자는 다친 데가 없다고 하자 기적 같은 일이라고 하면서 후유증이 우려되니 병원에 가서 정밀 진단을 받아 보라고 했다.

가해 운전자는 야간 업소에 근무하는 20대의 젊은 청년이었다. 경찰에 연행돼 조서를 받은 운전자는 신호 위반도 하지 않았으며 과속도 하지 않았다고 주장했다. 그러면 가해자는 누구인가? 이 억울함을 어디에다 호소해야 하나 싶었는데 보험회사 직원이 찾아와 증인이 있으니 걱정하지 말라고 했다. 무인감시 카메라(폐쇄회로 카메라)에 사고 순간이 다 녹화돼 있었다.

무인 카메라가 없었더라면 내가 신호 위반을 한 가해 운전자가 될 뻔했다. 상대방이 적신호에 과속으로 직진하여 사고를 낸 것으로 확인되어 누명을 벗었다. 삶과 죽음의 갈림길에서 위기의 순간에 선택받은 삶은 요행이었다.

신호등은 비가 오나 눈이 오나 바람이 부나 자기 자리를 묵묵히 지키며 삶과 죽음의 길이 어디인지를 알려 주는 길잡이이다. 예로부터 아는 길도 물어 가라고 했지만 이번 사고를 당하면서 세상살이가 파랑 신호만 믿고 갈 수 없다는 사실도 알게 되었다.

사람은 일생을 살면서 수없이 많은 신호등을 만난다. 앞만 바라보며 갈 수 있는 파란 신호만을 만날 수 있는 것이 아니다. 빨간 신호와 노란 신호도 만난다. 빨간 신호는 선택의 여지가 없이 멈추라는 준엄한 지시다. 이를 어기면 법의 심판을 받고 불행을 당하기 마련이다. 가끔은 신호등의 지시도 거부하고 자제와 인내와 순응을 외면하는 편법의 삶이 현명할 수도 있는 세상이지만 정도를 능가하는 길은 아니었다.

태어나서 성인이 될 때까지는 부모와 스승이 가장 중요한 신호등이었다. 파란 신호에 따라 앞만 바라보며 달릴 수는 없었다. 수시로 만나는 빨간 신호와 노란 신호 때문에 제동이 걸리곤 했다. 직장생활을 하면서 여러 차례 빨간 신호를 만났다. 그럴 때마다 파란 신호가 다시 올 때까지 기다리지 못해 사표를 내고 다른 일자리로 옮겨가곤 했다. 참고 기다리면 푸른 신호가 쉬이 다시 온다는 사실도, 파란불이나 빨간불이 켜지면 순응하며 살아야 한다는 것도 젊은 시절엔 몰랐다.

신호등의 빨간 불은 위험 신호이다. 어느덧 노년의 삶이 시작되자 나의 건강에도 여기저기 빨간 불이 켜지고 있다. 시력과 청력, 식욕, 기력에도 가끔 빨간 불이 켜진다. 노쇠하면 만나야 하는 빨간 불, 누구도 피할 수가 없지만 우리 사회 곳곳에 암처럼 번지고 있는 빨간 불은 나라의 장래를 위태롭게 한다. 오르기만 하는 물가, 핵무기로 인한 사회 불안, 수백 조가 넘어버린 나라 빚, 잔인한 범죄의 증가 등 온통 빨간 불 세상이다.

이제 여생을 세월 따라, 신호 따라 살아야겠지만 빨간 신호의 경고가 갈수록 늘어나고 있어 불안감을 감출 수 없다.

약속

우리의 삶은 약속의 연속이며, 약속의 역사이다. 통신수단의 발달은 하루도 약속 없이 한가하게 살 수 있도록 내버려 두지 않는다. 휴대폰의 노예가 된 지 오래된 요즘, 약속을 예약하는 벨소리로 해가 뜨고 해가 진다. 정치도, 사업도, 사랑도 모두 약속으로 시작하고 약속으로 끝난다.

약속의 종류도 다양하다. 말로 하는 약속이 있고, 손가락을 걸며 하는 약속이 있는가 하면 법적으로 하는 약속도 있고, 무언의 약속도 있다. 예로부터 '남아일언중천금'이라 하여 우리 선조들은 말로 하는 약속을 무엇보다도 소중히 여기며 살아왔다.

약속 가운데 일생의 운명을 좌우하는 결혼 약속만큼 중요한 것도 없다. 그 약속도 세태의 변화로 현대화되어 장사꾼들의 사업 약속만큼이나 하찮게 되어가고 있다. 옛 시절에는 손가락을 걸면서 한 약속의 손도장이 오늘의 인감도장보다 훨씬 더 위력을 발휘했다. 요즘은 결혼식장에서 신랑 신부가 검은 머리 파뿌리가 되도록 백년해로할 것을 주례와 일가친척, 하객 등 만인 앞에서 외쳐대며 한 약속이 건만 헌신짝처럼 버리기 일쑤다.

한 가정의 생계를 책임지고 있는 가장이 직장을 바꾸는 것은 쉬운 일이 아니다. 직장을 사직하고 새로운 일자리를 구할 때마다 갈등과 번민으로 불면의 밤을 지새우지 않은 사람이 있을까? 나는 남자의 의무인 군복무를 끝내고 첫 직장을 구한 이후 열 번 이상 사표를 쓰면서 이곳저곳 옮겨 다니며 굴곡의 삶을 살았다. 새로운 일자리로 옮길 때마다 평생을 봉직하겠다는 마음의 약속으로 출발하지만 번번이 부도를 내고 말았다. 말을 갈아탈 때마다 핑계와 이유가 있었으나 최선의 길이 아니라는 판단이 나의 변절을 부채질했다. 여자가 남편을 바꾸면 팔자를 고친다고 하지만 나는 직장을 자주 바꾸면서 여러 번 팔자를 고친 소신 없고, 지조 없는 졸부였다. 지인들은 이런 나를 두고 역마살이 끼었기 때문이라고 했다. 서울을 비롯해서 충청도, 전라도, 강원도, 경상도를 다 섭렵하고 다녔으니 그런 소리를 들을 만도 했다. 직장을 그렇게 자주 바꾸면서 마누라는 몇이나 바꿨냐고 비아냥거리며 농담하는 친구도 있었다.

직장이 바뀔 때마다 주거지도 옮겨졌다. 20회가 넘는 이사를 다녀야 했다. 전직과 이사로 질곡의 삶을 이끌어온 지아비에게 불평 한마디하지 않은 집사람에게 고마움을 느낀다. 그래서인지 결혼식 때 한 서약으로 45년을 하루같이 살아온 조강지처와의 약속은 아직 깨어지지 않고 있다.

약속은 지켜질 때 정과 신뢰가 쌓이고, 깨지면 배신감과 저주가 쌓인다. 10여 년 전의 일이지만 돈을 빌려가고 종적을 감춘 친구에 대한 배신감은 좀체 잊을 수가 없다. 친하게 지내던 대학 동창이 자식의 유학 절차에 현금 잔고가 부족하다면서 사흘만 쓰고 주겠다며 돈을 빌려달라고 했다. 친한 사이에 돈거래를 하면 돈 잃고 친구 잃는다는 옛말을 모르는 바 아니지만, 자식의 유학에 관한 문제라기에 송금해 주었다. 빌려간 돈을 갚겠다는 기일이 지나도 소식이 없기에 전화를 했더니 불통이었다. 한 달이 지나 서울 과천의 그 친구 집을 찾아갔다. 이미 집도 처분하고 어디론가 이사하고 없었다. 나 외에도 피해자가 여럿 있어 보였다. 동창들을 비롯해서 모든 인맥을 다 동원해 주거지를 확인하려 했으나 허사였다. 귀신같이 종적을 감추고 말아 현재까지도 죽었는지 살았는지 알 길이 없다. 얼마나 급하고 어려웠으면 그랬을까 싶지만 그 친구가 괘씸하고 불쌍하기까지 했다. 빌린 돈 몇 백만 원의 상환 약속을 지키지 못한 친구는 영원한 배신자가 되어 노년에 아름다운 황혼의 석양도 쳐다보지 못하고 어느 하늘 아래에서 박쥐의 인생을 살고 있을 것 같다.

약속 가운데 가장 무서운 약속은 무언의 약속이다. 부모와 자식 간의 사랑은 천륜으로 엮인 약속이다. 이 약속을 어기면 천벌을 받는다.

돈으로도 살 수 없는 우정을 부도내는 배신 행위가 가련하기 짝이 없다.

배낭여행

고희를 맞은 친구 두 명이 외국으로 배낭여행을 떠났다. 중국 당나라 두보의 시 〈곡강曲江〉의 한 구절에 '人生七十古來稀'라 인생은 예로부터 칠십을 살기가 드물다고 했지만 우리는 50년의 시공을 초월해 20대의 늠름한 차림으로 20일간 예정의 옛 베트남 격전지를 찾아 나섰다. 월남전에 참전한 해병 용사인 친구가 40여 년 전 삶과 죽음의 갈림길에서 전투했던 추억의 현장을 가고 싶다는 소망이 있어 베트남 중부 지역을 여행 목적지로 정했다.

친구 J와 나는 대학 같은 과 동기생으로 졸업과 동시에 나는 ROTC 장교로, 친구는 해병대 장교로 군에 입대했다.

월남전 파병이 시작되던 1965년 의무 복무 기간이 끝난 나는 전장에서 총 한 방 쏘아보지 못한 군인으로 제대를 하게 되었다. 하지만 친구 J는 청룡부대 포병 장교로 월남전에 파병, 다낭을 비롯한 여러 격전지에서 1년여 베트콩과 사선을 넘는 전투를 벌이다 용케 살아남아 돌아왔다.

군에서 제대하자 그는 고등학교 국어교사로, 나는 방송사의 기자로 각각 직장생활을 시작했다. 친구는 국어교사로 일하면서 소설가로 등단했으며, 나는 뒤늦게 수필가로 등단, 문학의 길도 같이 걷게 되었다. 사는 곳이 달라도 서로의 삶을 확인하면서 우정의 연결고리를 놓지 않았다. 가정과 직장에 매달려 그동안 허둥지둥 살아온 세월은 어느덧 얼굴에 깊은 주름을 늘게 하고 머리에 흰 서리가 내리게 했지만 우리는 나이를 잊은 채 도전하는 삶을 살자고 다짐했다.

간단한 옷가지와 소주 몇 병을 챙겨 넣은 배낭 하나씩을 둘러메고 옛 사이공행 비행기에 올랐다. 월남전이 끝난 지 30년이 넘었기에 호치민 시내에서 그 상처를 발견하기가 쉽지 않았다. 세계의 온갖 인종들이 싸구려 관광을 하기 위해 몰려든다는 호치민 시의 데탐 거리 카페를 찾았다. 마침 한글로 쓰인 여행사 간판이 눈에 들어왔다. 한국인이 경영하는 유일한 여행사 '리멤버 투어'였다. 리멤버 투어에 짐을 풀고 다음 날부터 베트남 중부 지역 여행 계획을 짰다. 베트남의 중부지역 휴양관광지 다랏으로 가기 위한 버스 편과 숙박을 예약하고 호치민의 번화가인 동커이에서 저녁식사를 하기 위해 택시를 탔다.

20대로 보이는 젊은 운전사에게 통커이 거리로 가자고 했다. 3킬로에 불과한 거리인데 택시기사는 요금미터기를 손님의 눈치를 슬금슬금 봐 가면서 조작하고 있었다. 통커이 거리 구석진 곳에 택시를 세우고는 예상 요금의 5배를 요구했다. 어이가 없어 요금 지불을 거절하며 '렛스고 포리스 스테이숀(경찰서로 가자!)'이라고 언성을 높였다. 그제야 3만 동만 내라고 했다. 1980년대 김포 공항 택시 기사들의 횡포가 연상되었다. 먹고 살기 힘든 시절의 국민은 어디서나 마찬가지란 생각이 들었다.

19세기 말 프랑스가 지배할 때 개발된 휴양지 다랏은 기온이 늦은 가을 날씨여서 겨울 점퍼를 가지고 가지 않았더라면 추위에 떨 뻔했다. 인종 시장을 방불케 하는 각국 관광객들과 어울려 우리는 쑤엉흐엉 인공호수와 케이블카, 꽃 전시회 등을 둘러보고 호수공원의 큰 식당에서 베트남 전통 요리의 식사를 한 다음 호텔에 들었다. 해발 고도 1500m의 신혼여행지 다랏의 밤은 한국의 가을처럼 선선하고 고요했다. 6시간의 버스 탑승으로 피곤해진 몸은 몰려오는 졸음에 빠졌다.

아침 일찍 잠이 깨었다. 다음 여행지인 나짱으로 떠날 배낭을 챙기고 호텔 식당으로 갔다. 40대의 젊은 동양인과 베트남 아가씨 등 10여 명이 먼저 와 식사를 하고 있는 모습이 눈에 띄었다. 그 동양인은 골프 여행을 온 한국인들이었고, 아가씨들은 현지에서 만난 베트남 여인들임을 알 수 있었다. 친구와 나는 그들의 언행에 고운 눈길을 보낼 수 없었다. 우리나라에 기생파티 관광을 온 일본인들의 모습이 떠올랐기 때문이다.

다랏에서 나짱으로 가는 길은 꼬불꼬불한 산길로 한국에서 수입해 온 중고 현대자동차 버스가 마치 곡예를 하듯 달렸다. 예정 시간보다 2시간이나 지연된 늦은 시간에야 도착했으나 운전기사는 연착이 당연하다는 태도였다. 미개발국의 현주소라 여길 수밖에 없었다. 파월 한국군의 베트남 상륙 관문이던 나짱은 긴 세월이 흘렀음인지 전쟁의 흔적은 찾아볼 수 없고 여기저기 관광업소의 네온이 찬란했다. 어디를 가나 관광객의 호주머니만을 넘보는 장사꾼들로 우글거렸다. 우리는 예약된 해변의 한 호텔에 여장을 풀고 나짱의 해변 야경 관광에 나섰다. 어둠이 깔린 해변에는 높은 파도가 밀려오고 있었다. 길게 뻗은 모래톱을 밟으며 친구는 한동안 말이 없었다. 40년 전을 회고하는 듯했다. 삶과 죽음의 갈림에서 오직 국가의 명에 따라가야 했던 전쟁터, 용감한 해병 장교로 첫 상륙한 곳이 바로 여기라 했다. 40여 년 만에 다시 찾아온 나짱은 베트남의 대표적인 비치리조트 관광지로 변모돼 있었다. 종전 후, 25만 명의 보트피플이 숨져간 슬픈 역사를 안고 있는 남지나

해변을 거닐며 우리는 관광객으로 찾아와 참혹했던 월남전을 회고할 수 있다는 것이 요행으로 여겨졌다. 나짱에서 북쪽으로 다낭에 이르기까지 1번 국도를 따라가면 백마부대와 청룡부대, 맹호부대의 격전지를 만날 수 있었으나 여정이 맞지 않아 갈 수 없는 아쉬움을 안고 우리는 남쪽으로 발길을 돌렸다.

여행은 일상을 벗어나 새로운 세계를 발견하고, 새로운 지식과 정서를 축적할 수 있다. 생활의 재충전으로 노년의 삶을 살찌우게 했던 것이 친구와의 여행이라고 다짐하면서 우리는 건강이 허용하는 대로 또 다른 계획에 도전하기로 했다.

징검다리

실개천 물소리는 언제 들어도 정겹다. 옥구슬 굴러가는 소리 같은 그 물소리가 산업화 물결에 밀려 이젠 사라져 가고 있다. 비 온 뒤 산세가 수려한 산골의 개울을 찾아가지 않으면 맑고 시원한 그 소리를 들을 수 없다.

산골에서 자란 나는 초등학교와 중학교 과정 9년을 하루 이십오 리 길을 걸어서 다녔다. 작고 큰 여섯 군데의 개울을 건너야 했는데 평상시에는 돌을 드문드문 놓은 징검다리를 만들어 건넜다. 홍수가 나면 통학길이 막히기 일쑤였고 얕은 개울이지만 살얼음이라도 언 겨울철에는 돌다리를 건너기가 쉬운 일이 아니었다. "돌다리도 두들겨 보고 건너라.” 했지만 가끔은 캥거루 걸음으로 조심스레 건너뛰다가 미끄러져 얼음물에 빠졌다. 젖은 양말 상태로 교실에 들어와 체온을 난로 삼아 몇 시간 동안 발을 동동거리며 양말을 말렸다.

바로 윗동네에 살던 K는 9년을 같이 통학하던 죽마고우였다. 비가 오나 눈이 오나 K와 나는 25리 길을 통학하면서 겨울철 갈수기를 제외하고는 개울물의 징검다리를 건너다녔다. 그때의 돌다리는 개울에 흩어져 있는 돌을 주워 놓은 허술하기 짝이 없는 임시 다리였다. 그 징검다리를 건너다가 물에 빠지기는 다반사였다. 친구와 나는 돌을 주워서로 다리를 놓아주다가도 장난기가 도지면 ‘돌다리 멀리 건너뛰기 내기’를 하곤 했다. 지면 업어주는 내기였는데 무거운 K를 자주 업어준 아련한 추억이 잊히지 않는다. 어린 시절 징검다리는 개울물이 불으면 어른이 아이들을, 선배가 후배를 업고 건너 정을 쌓게 하고 추억을 만들게 하는 돌다리였다.

9년 동안 먼 길을 걷고 뛰며 달리는 운동으로 통학한 덕택인지 나는 군에서나 사회에서나 달리기에는 늘 선두 주자였다. 출세는 못 했지만 건강관리는 잘해왔음인지 노년을 맞은 현재까지 큰 병고 없이 체력을 유지하고 있다. 그런데 K는 교육계에서 크게 성공했으나 과음 탓인지 불행하게도 60대의 아까운 나이로 타계하고 말았다. 징검다리의 추억이 쌓이고 얽힌 보고픈 친구이다.

옛 고향을 요즘도 가끔 찾아갈 기회가 있다. 비만 오면 걱정거리를 안겨주던 개울의 징검다리는 자취를 감추었고 교량이 놓이고 아스팔트로 포장까지 되어 있으니 상전벽해桑田碧海가 따로 없다.

돌부리에 걸려 미끄러지고, 넘어지고, 엎어지면서 다니던 자갈밭 같던 도로를 이제 승용차를 타고 찾아가는 고향이지만 날로 낯설어지고 있다. 어릴 때 돌다리를 같이 건너던 친구들은 다 어디로 가고 고향이라 찾아가도 반겨주는 사람 없으니 길 잃은 나그네 신세이다.

이십 리가 넘는 길을 매일 걸어서 학교를 다녔어도 힘들거나 불행하다고 여기지 않았다. 옛날을 생각하면 물질문

명의 풍요가 반드시 행복을 가져다 주는 것만 아니라는 생각이 가슴에 와 닿는다.

요즘 전국 어디를 가나 산책로가 잘 만들어져 있다. 단군조선 이래 가장 부유하게 사는 시대가 요즘이라는 사실이 실감난다. 우리가 언제부터 하루 세끼의 식사를 이처럼 풍요롭게 할 수 있었고, 과식 걱정과 비만증에 시달려 본 적이 있었던가?

나는 매일 아침 집 앞 여천천의 산책로를 걷는다. 자전거 도로와 나란히 하여 기차선로를 연상케 하는 산책로다. 여천천을 가로질러 가설된 교량이 군데군데 있어 사람이나 차량이 하천을 건너다니기에 불편이 없다. 그런데 몇 군데 징검다리를 놓아 운치를 더하고 향수를 느끼게 해 두었다. 도심 하천의 재정비 시책의 하나로 시공했다는 것이다. 얕은 개울에 돌을 주워 놓던 추억의 징검다리가 아니라 정육면체나 직육면체로 반듯하게 깎은 인공적인 돌로 질서정연하게 영구적으로 놓은 구조물, 폭우로 홍수가 나면 잠길지라도 유실될 염려가 없는 완벽한 돌다리다. 특히 야간에도 안전하게 건널 수 있도록 징금 돌 하나하나에 반딧불 같은 조명램프 시설까지 해 놓아 눈길을 끈다. 그러나 길을 두고 뫼로 가랴, 편리하고 안전한 현대식 돌다리지만 불편과 위험을 무릅쓰고 이를 이용하는 한량이 어디 있겠는가. 비단금침을 깔아 놓고 집 나간 남편을 기다리는 여인처럼 외롭기만 하다.

나는 가끔 옛 추억이 쌓인 초가집 고향 냄새를 기대하며 여천천의 징검다리를 건너보지만 현대식 아파트의 시멘트 냄새뿐이다.

추수가 끝난 들판에서 삭풍에 떨고 있는 허수아비같이 여천천의 징검다리는 오늘도 이용객을 기다리는 모습이 쓸쓸하다.

학연學緣에 얽힌 사연

우리 민족은 지구촌의 다른 민족보다 인연을 중요시한다. 우리의 인연은 주로 혈연과 지연 그리고 학연 등이 주류를 이루지만 사회생활에 가장 큰 영향을 미치는 것은 학연이다.

P고등학교는 오랜 역사와 전통이 있는 명문 학교이다. 5천 년 빈곤의 역사를 겪은 우리나라를 오늘날 세계 10대 경제 대국이 되도록 기여한 많은 인재를 배출한 학교이기도 하다. 대통령까지 배출한 학교이니 이 학교를 명문이 아니라고 폄훼하지는 못할 것이다.

나는 P고등학교 동문이 된 인연을 평생을 두고 자랑으

로 여기며 산다. 재학 시절부터 선배라면 부모보다 더 엄하고 무서우며 존경하는 대상으로 여겨 왔다. 많은 선배 가운데 한 해 위 선배가 제일 무서웠다. 종아리에 멍이 들고 코에 피가 흐르도록 심한 기합을 받았어도 불평 한마디 하지 않았다. 선배의 엄한 지도와 기합이 선후배 간의 끈끈한 정과 위계질서를 만들었으며 명문의 전통을 만든다고 믿었다.

나는 상업학교를 졸업했으면서도 전공 계열로 진학하지 못하고 인문계 대학에 들어갔으며, 대학을 졸업하자 방송 기자로 활동했다. 지방 방송사 생활 15년을 넘자 간부로 승진하여 지명도도 얻게 되었으며, 제법 으스대기도 할 즈음, 사업에 성공한 선배의 권유로 중소기업 대표이사로 인생의 진로를 바꾸게 되었다. P고등학교의 선후배가 아니었더라면 생각조차 할 수 없는 일이었다.

20여 년 전 방송사 간부에서 사업가로 변신한 나는 어느 날 거래처 손님 접대를 위해 전남의 한 골프장에서 차례를 기다리고 있었다. 부산에서 전라도까지 원정 골프를

치러온 후배 동문 여러 명을 첫 홀 출발 직전에 만났다. 낯익은 후배들이 “형님, 오래간만입니다.”라며 인사를 해와, 반가워 손을 맞잡고 흔들고 있는데 그중 한 후배가 느닷없이 “어이 오래간만이다. 볼 잘 맞나?” 하며 말을 놓고 희롱하는 투로 인사하는 것이 아닌가. 호랑이처럼 무서워했던 선배에게 이 무슨 해괴한 인사인가. 인사도 받지 않고 어이가 없어 고개를 돌리고 말았다. 그날 모욕을 당한 자괴감에 사로잡혀 골프도 망치고 손님 접대도 제대로 할 수가 없었다. P고등학교 동문의 위계질서 전통이 언제부터 이 지경이 되었나 싶으면서 초라한 모습으로 비친 자신의 처지가 비감에 찼다. 법인 기업체의 사장이긴 하지만 고용살이 사장이라고 멸시하는 것인가, 아니면 저 후배가 사업에 성공해 돈 좀 벌었다더니 눈에 보이는 것이 없어서인가? 원망과 자괴감이 엇갈리면서 그날 밤 잠을 이룰 수가 없었다.

부모가 자식으로부터 존경을 받지 못하는 것이나 학연의 선배가 후배로부터 대접을 못 받고 멸시당하는 것이나 비참하기는 마찬가지다. 그 사건 이후 한참 동안 동문회 모임에 나가지 못했다.

1990년을 기점으로 산업체 노동조합의 데모가 극에 달하면서 우리 사회의 위계질서 가치관이 많이 바뀌었다. 수백 년 동안 민족의 미풍양속으로 보존돼 오던 경로사상과 윤리도덕관이 무너지기 시작했다. 미국을 비롯한 서구인들이 가장 부러워하던 한국의 가족제도와 경로사상이 하루아침에 멍들어버린 것이다. 가정에서, 직장에서, 학교에서, 심지어 군대에서까지 상하의 끈끈하던 정과 질서의 샘은 메마르고 황폐화되어 안타까움을 금치 못한다.

일제강점기 일본의 혹독한 문화말살정책에도 우리는 고유문화를 지키고 발전시키며 살아남았다. 세상이 변해도 인연의 전통문화가 타락해서는 내일을 기대할 수 없을 것이다. 단체생활의 엄한 위계질서가 우리 사회 발전의 원동력이었다. 사람들은 인연대로 살아가는 것이 순리라 했는데 전통적인 상하질서를 함부로 어기는 일이 없기를 소망해 본다.

제 2 부

야래향

매미의 슬픈 연가

동물이 내는 소리를 우리는 대부분 운다고 표현한다. 소가 울고, 새가 울고, 매미가 울고, 귀뚜라미도 운다고 한다. 의미가 불확실한 소리는 듣는 사람에 따라 다르다. 서구인들에겐 노래로 들리는 소리가 우리 민족에겐 울음소리로 들릴 수도 있을 것이다.

우리는 얼마나 슬픈 민족이기에 아름답고 맑은 새의 소리마저 운다고 표현해 왔을까? 예로부터 아침에 우는 새는 배가 고파 울고 저녁에 우는 새는 임 그리워 운다고 했다. 무더운 여름 벚나무 가지나 등걸에 붙어 짝을 찾는 애절한 매미의 소리가 울음으로 들리는 것은 듣는 사람의 생각이 슬프기 때문이리라.

매미는 여름이면 우리 곁을 찾아오는 진객이며 여름을 상징하는 대표적인 곤충이다. 알에서 부화한 뒤 7-8년이란 긴 세월 동안 지하에서 애벌레로 살다가 지상으로 나와 허물을 벗고 날개를 가진 성충이 되지만 10여 일을 넘기지 못하고 삶을 마감하는 것이 그의 일생이다.

무더운 여름철이 되면 각종 매미가 아파트 단지 숲이나 정원수 등지에서 특유의 소리를 내며 여름의 운치를 더한다. 짧은 생애로 짝을 만나 종족보존을 위한 짝짓기의 대과업도 수행해야 하니 짝을 부르는 소리가 얼마나 멋지고 애절해야 할까. 슬픈 곡조의 울음소리로야 어찌 짝을 유혹할 수 있을까? 신명을 다하는 아름답고 애절한 노래라야 한다.

매미 가운데 가장 목소리가 큰 놈은 말매미다. 시골에서는 숲이 많아 매미 소리가 크게 들리지 않지만 빌딩과 아파트가 밀집된 도시 지역에서는 유난히 크게 들린다. 매미 소리가 도시지역 생활소음 기준을 넘어 수면장애까지 일으킨다고 야단이다. 하기야 듣기 좋은 꽃노래도 한두 번이라고 했다. 여름철 아름다운 연가나 자연의 운치로 사랑을 받던 매미 소리마저 이제 정서가 메말라가는 도시지역에서는 소음공해로 지탄의 대상이 되고 있으니 아이러니가 아닐 수 없다.

매미 소리는 언제 어디서 들어도 반갑다. 유년 시절 여름철 매미는 학동들의 자연 공부 대상이며 장난감으로 으뜸이었지만 나무 그늘에서 누워 잠시 더위를 피하고 있으면 매미의 은은한 소리는 낮잠을 부르는 자장가이기도 했다. 매미의 짧고 애달픈 삶은 동서고금의 문인들에게 작품의 소재로 이용됐다. 특히 우리의 옛 선비들은 이슬만 먹고 청아하게 살다 가는 매미의 아름다운 삶을 동경하여 그들을 좋아했다.

어둠 속 인고의 세월을 살다 세상에 나온 매미는 짧은 생을 마감해야 한다. 절박한 운명 앞에 짝을 찾는 소리가 설음 맺힌 하소연이기도 하고 온몸의 정열을 불태우는 아름다운 사랑가일 수도 있다. 어떤 시인은 "한여름 아침을 열고 가는 세월 서러워 운다."고 했고, 일본의 하이쿠 시인 바쇼는 "너무 울어 텅 비어 버렸는가 이 매미의 허물은"이라고 노래했다.

우리나라에 서식하는 매미의 종류는 대략 13종류 정도로 추산하고 있다. 대표적인 매미가 도심의 아파트 주우에 많이 서식하고 있는 말매미이다. 말매미의 소리는 생활소음 한계인 70데시벨을 넘은 금속성의 고음이어서 소음공해 시비에 휘말리고 있다. 참매미와 유지매미, 애매미는 개체수가 적지만 몸체도 말매미에 비해 왜소한 편이며 소리도 고저장단이 있어 음악적이다. 여름을 노래하고 여름의 운치를 더해주는 매미 소리는 동요 속에 등장하는 낭만적인 세레나데로 동심을 아름답게 가꾸어주기도 한다. 세정이 각박한 도시인에게 가뜩이나 열대야로 잠도 못 이루고 있는 형편인데 소음공해를 유발하며 마구 울어대는 말매미가 귀엽겠는가.

우리는 가끔 '역지사지'란 중국 고사를 상기하면서 상대방을 이해하려 한다. 오랜 지하 생활 끝에 세상에 나왔으나 고작 10여 일을 살다 생을 마쳐야 하는 슬픈 매미의 한살이를 미루어 생각해 보면 말매미의 소리가 좀 크다고 소음공해를 유발하는 적으로 저주하기에는 연민의 정이 앞선다.

자연과 더불어 살아야 하면서도 수없이 자연을 파괴해 공해를 유발하며 사는 것이 우리 인류의 현실이다. 일본 후쿠시마 원자력발전소의 방사능 유출 사고는 전 인류를 불안하게 하는 대재앙이다. 사고 현장에서 가까운 우리는 이미 그 방사능 세슘의 영향권에 있어 다수의 국민이 공포심에 전전긍긍하고 있다. 이와 같은 현대문명의 대재앙은 어쩌면 자연 파괴에 대한 보복 같아 경각심을 불러일으키게 한다.

맑은 물과 푸른 숲이 있어 찾아온 매미가 절박한 삶에 쫓겨 짝을 찾아 부르는 고음의 슬픈 연가 정도는 자연을 사랑하는 애교로 받아주고 싶다. 낮과 밤을 가리지 않고 부르고 또 불러도 부족한 매미의 슬픈 연가를 소음공해로 지탄해야 하는 삭막한 세상이 아쉽기만 하다.

야래향夜來香에 홀리다

대만 가수 등려군鄧麗筠이 불러 유행한 노래 〈옐라이씨앙(야래향)〉은 가사와 곡이 매혹적이다. 세계적인 유명가수가 부른 노래의 제목으로만 알고 있어 야래향이 어떤 꽃나무인지 관심이 없었다. 지난 7월 어느 날 밤 야래향의 향기에 홀려 정신을 빼앗기고 말았다.

저녁 모임에 갔다가 밤늦게 집으로 돌아왔다. 아파트 현관에 들어서자 여느 때와 달리 야릇한 향기가 코를 자극했다. 사냥개처럼 킁킁대다 잠들어 있는 아내를 깨웠다. "낭군을 맞으려 향수라도 뿌리고 자나, 무슨 향수 냄새가 이렇게 나요?" 농담 삼아 물었다. "향수는 무슨 향수, 다 늙은 할마시한테 당치도 않은 소리!"라며 아내가 핀잔을 주었다. 하지만 거실에도 방에도 정체불명의 은은한 향기가 계속 나는 것이 아닌가! 아무래도 이상하여 진원지를 확인해 보자고 채근했다. 그제야 아내의 말이 한 달 전에 지인에게 얻어온 이름도 모르는 꽃나무 한 포기가 꽃을 피워 향기를 뿜어내는지 모르겠다는 것이다. 베란다에 불을 켜고 향기가 나는 방향으로 가 확인하니 작은 화분에 아무렇게나 심어진 사철나무를 닮은 줄기 끝에 국수 토막 같은 하얀 꽃이 매달려 향기를 뿜고 있었다. 한 자 높이의 외래종 상록관목이었다. 꽃은 달고 있으나 꽃 같지 않아 향이 아니면 하찮은 잡목으로 취급할 뻔한 이 나무가 옛 중국의 미인 양귀비의 안방을 장식했다는 야래향이란 것을 뒤늦게 알게 되었다.

그날 밤 마력의 향기를 뿜어내고 있는 야래향에 매료되어 밤늦게야 잠이 들었다. 여명이 밝아올 무렵 잠에서 깨어나자마자 베란다의 야래향을 찾았다, 야래향은 밤새 뿜던 향기의 문을 닫고 이미 나팔 모양의 꽃잎도 오므려버린 상태였다. 그날 이후 나는 야래향을 사랑하기 위해 귀가 시간이 빨라졌으며 수형도 손보고 영양제까지 대접하며 매만지는 데 많은 시간을 보냈다.

밤에 피는 꽃이 어찌 야래향뿐일까, 박꽃, 달맞이꽃, 적하수오도 있다. 박꽃은 달 밝은 밤에 초가지붕에 높이 기어올라 달을 쳐다보며 임을 기다리는 소복한 여인의 모습이라 하여 예로부터 선인들의 사랑을 받아왔다. 달맞이꽃은 노란 빛의 앙증맞은 꽃을 피워 은은한 향기로 달을 맞이한다는 야생화이나 화분에 모셔질 만큼 귀족 축에는 들지 못한다. 야래향은 이들 꽃처럼 화려하거나 훤칠하지가 않다. 꽃은 가냘픈 나뭇가지에 자벌레처럼 매달려 있어 향이 없으면 꽃 대접을 받지 못할 정도이다. 밤에만 피어 진한 향기를 뿜어내는 야래향은 밤의 여인과 같은 꽃이라 했다. 하지만 아름답게 꾸민 기생과 같이 요염하거나 붉은 장미같이 화려하지도 않다. 야래향 나무는 모습이 화려해서가 아니라 향기가 진하고 매혹적인 데다 밤에만 피는 꽃이어서 기생화라고도 하나 보다. 외모가 보잘것없어 베란다에 방치됐던 야래향의 진가를 뒤늦게 알게 된 것이 부끄럽기도 했다. 그동안 많은 세월을 살아오면서 만난 사람들 가운데 이 야래향처럼 경솔하게 상대한 사람은 없었는지 지난날이 뒤돌아봐진다.

얼굴이 못난 여인의 한인가! 밝은 햇빛 한번 쳐다보지 못하고 땅거미와 더불어 어둠이 오면 피기 시작하다가 동이 트면 향기마저 거두는 야래향, 화무십일홍이라 했던가, 10일이 지나자 향기도 서서히 사그라지기 시작하더니 보름이 지나자 낙화되고 마는 운명이었다.

꽃을 싫어하는 사람이 있을까마는 집사람과 나는 꽃 사랑이 유별난 편이다. 힘겹게 사느라 이사를 많이 다니면서도 화분을 챙기는 데는 일심이었다. 단독 주택에 살 때는 옥상에 화원을 만들고, 아파트에 살 때는 베란다에 난분을 비롯한 여러 종류의 화분으로 소박한 전시장을 만들곤 했다. 하지만 야래향과의 인연은 없었다. 지난 10여 년 동안 텃밭 농장에 금목서와 수양벚꽃, 애기사과 등 10여 종류의 꽃나무 100여 그루를 심어 여러 지인에게 분양하는 즐거움을 만끽하기도 했다.

젊었던 시절 한때 여자에게 홀려본 적은 있었으나 꽃향기에 홀려본 적은 처음인 듯하다. "달 아래 꽃들은 모두 잠에 빠져 있는데 야래향만이 홀로 향기를 퍼뜨리고 있네요. 꽃들이 꿈을 꾸며 야래향을 감싸 안고 입맞춤하지요." 옐라이씨앙 노랫말의 한 구절이 가슴에 와 닿는다.

이젠 아파트 베란다에서 귀빈 대접을 받는 야래향은 열매도 없이 잎만 무성하게 자라고 있다. 언제 다시 꽃을 피워 나를 홀리려는지 그날이 기다려진다.

살아 천년 죽어 천년

살아서도 아름답고 죽어서도 아름다운 나무가 주목이다. 높이 1천 미터가 넘는 고산지대의 척박한 땅에서 세찬 비바람과 한파에도 아랑곳없이 천년의 세월을 업고 장수하는 나무로는 주목을 따라갈 나무가 없다.

단독 주택에 살았던 한때 취미로 분재에 심취한 적이 있었다. 꽃사과, 흑송, 영산홍, 백일홍, 모과, 동백 등 30여 종 50여 그루의 분재를 애지중지하며 키웠으나 소망하던 주목 분재는 키워보지 못했다. 분재와 결별한 지 오래되었지만 지금도 주목 분재에는 미련을 가지고 있다.

'참새가 방앗간을 그저 지나지 못한다.' 했던가. 요즘도 가끔 분재 전시회에 들러 축소 지향형의 예술이라고 하는 분재 감상에 시간을 할애한다. 어쩌다 마음에 드는 주목 분재를 만나면 신비스러운 미에 넋을 잃는다. 인고의 세월을 살아오면서 온갖 풍상 다 겪다 휘어지고, 꼬부라지고, 벗겨지고, 옹이가 박여 크지도 못하고 난쟁이로 버티었다. 유독 주목 분재에 애착이 가는 것은 고태미와 곡선미, 자연미가 다른 수종에 비해 월등하기 때문이다.

지난해 우연히 부산 해운대 달맞이 공원에 갔다가 천년을 살았음직한 주목 한 그루를 발견하고 혼을 빼앗긴 적이 있다. 음식점 정원에 옮겨다 놓은 주목이었다. 높이 10여 미터에 밑동의 둘레는 아름드리가 넘으며 나무줄기의 절반이 흰 뼈로 사리가 돼 있어 천년의 세월을 살아온 듯했다. 귀족의 대접을 받고 정원에 옮겨져 있는 늙은 주목의 값이 상당할 것 같아 주인에게 물었다. 현지에서 나무 값만 2억 원이었다는 것이다. 그런 고가의 나무를 정원수로 옮겨 놓은 주인의 안목과 아량에 고개가 숙여졌다. 그 주목은 오늘도 달맞이 공원 언덕에서 고고한 자태로 해운대 시가지를 내려다보며 백 년도 제대로 살지 못하면서 아귀다툼을 일삼는 인간 군상들을 가소로워하고 있을 것이다.

연륜이 오래될수록 가치를 인정받는 것은 나무 분재들이다. 싱싱한 젊음과 날씬한 키의 팔등신 미인 같은 분재는 대접을 받지 못한다. 뒤틀리고, 구부러지고, 휘어지고, 오그라들어야만 가치를 인정받는다. 제주도 아트랜드에 있는 주목 분재는 천년을 살았어도 사람 키를 넘지 못하게 축소된 한 그루의 값이 50억 원을 호가한다니 경탄을 금치 못할 일이다.

20여 년 전 이어령 교수는 저서 《축소지향형의 일본인》에서 반도체, 워크맨, 분재, 쥘부채 등을 들어 일본인을 축소지향적인 민족이라고 지적했다.

분재의 역사는 중국 당나라 때부터 시작하여 우리나라 삼국시대를 거쳐 일본으로 건너간 것으로 전해지고 있으나 일본이 현재 분재의 종주국 위치에 있다.

가끔 세파에 지친 삶이 피곤하거나 우울할 때 산을 찾는다. 숲 속에서 솔향기를 맡고 바람 소리, 물소리, 새소리를 들으며 오염된 세속의 때를 씻어낸다. 자람이 억제되고 뒤틀리고 기형이어서 더욱 아름다운 분재, 그 숲에 들어서면 환상적인 자연을 느낀다. 고태미와 곡선미가 더욱 돋보이는 주목 분재 앞에 서면 신비감에 사로잡힌다. 얼마나 긴 세월을 인고와 한을 삼키며 살아왔기에 휘어진 가지에 저리도 많은 상처를 달고 버티고 있을까?

국내의 대표적인 주목 군락지는 천연기념물 244호로 지정된 소백산 주목 군락지를 비롯해서 태백산과 지리산 등의 고산지대이다. 주목은 낮은 산이나 들에서 성급하게 함부로 자라는 잡목이 아니어서 귀족 대접을 받는다. 인간의 얄팍한 상술이 주목을 양산해 고산준령이 아닌 도시의 아파트 밀집 지역에서도 쉽게 만날 수 있다. 아직은 고급 정원수로 사랑을 받지만 이들 주목은 고향과 가족을 잃은 슬픈 나그네 나무이다. 낯설고 물설은 타향 땅, 공해에 찌든 환경에 살아서야 어찌 '살아 천년 죽어 천년'의 주목이 되랴!

그들의 선조는 아직도 일천 미터가 넘는 높은 산 지역에서 눈비가 오거나 칼바람이 불어와도 아랑곳하지 않고 묵묵히 고고한 자세로 죽어 천년을 살 꿈을 안고 모진 세월을 견디고 있다. 오늘도 눈을 덮어쓴 노 주목은 어느 시인의 시 구절처럼 회갑 나이의 등산객들을 보고 "좋을 때다 좋을 때다."를 연발하면서 나이 타령하지 말고 등산이나 잘하고 가라며 가지를 흔들고 있을 것 같다.

아름다운 시비詩碑

양산의 영동마을 매화 축제에 문학 기행을 간 것은 지난 3월이었다. 수필문학 동인 10여 명이 25인승 관광버스 편으로 떠난 문학기행은 봄의 전령인 매화 향기에 흠뻑 젖어 보기 위한 봄나들이지만 나는 특별히 만날 사람이 있어 기대에 부풀어 있었다.

그는 바로 가수 최백호의 노래 〈영일만 친구〉의 실재 인물인 홍수진 씨였다. 예술적 감각과 다양한 지식을 겸비한 방송인이기도 했던 그는 지금 한 점의 시비로 변해 원동마을 매화 향기에 묻혀 낙동강 푸른 물결을 내려다보면서 고이 잠들어 있다.

고 홍수진 시인은 나와 한때 같은 방송사에 근무했던 동료였으며 부하 직원이기도 했다. 그는 음악과 미술 등 예능 방면에는 다재다능하여 홍 박사란 별칭을 가지고 있었고, 책임감이 강해 잡다한 일도 솔선하여 처리하는 부지런함을 보여 상사로부터 신임을 받았다.

그가 방송사의 중책을 맡아 능력을 발휘하기 전에 나는 직장을 옮겨 그와 헤어졌기에 병이 깊어 작고하기까지의 소식을 들을 수 없었다. 많은 세월이 흐른 뒤 그가 세상을 떠났고 고향 영동마을에 시비가 세워져 있다는 소식을 인편으로 듣기만 했다. 이번 매화축제 문학 기행에 그의 시비詩碑만이라도 볼 수 있다는 것은 나에겐 남다른 의미가 있었다.

일행은 아침 일찍 울산에서 출발하여 가지산 기슭에 자리한 석남사 입구를 지나 배내고개를 넘어 양산지역으로 향했다. 배내고개에서 양산 배내로 내려가는 긴 계곡은 10여 년 전과는 달리 상전벽해의 모습으로 변해 계곡 좌우로 즐비한 전원주택과 숙박시설, 음식점 등이 상춘객들의 호기심을 자아내게 했다. 배내골짜기의 끝자락쯤에 이르렀을 때 세 갈래 길이 나타났다.

이정표가 원동 매화마을로 가는 길을 가리켜주었다. 원동마을로 가는 길 좌우에 조성된 매화나무의 규모가 예상보다 컸다. 이곳의 매화꽃은 일제강점기에 조성되어 70년의 역사를 가지고 있었다. 홍매, 청매, 백매의 울긋불긋한 색상은 한 폭의 아름다운 동양화를 연상케 했으며 은은히 피어나오는 매향은 간간이 불어오는 꽃샘바람에 휘날리고 있었다. 원동역을 거쳐 오르막길을 잠시 오르니 작은 공원이 나타났다. 낙동강의 푸른 물결이 내려다보이는 양지바른 공원 가운데 자연석 2단으로 시공된 시비가 우리를 기다리고 있었다.

작가의 공적과 업적을 기리고 기념하고자 국가나 공공단체 또는 후진들이 세워놓은 시비는 전국에 100여 기가 넘는다고 한다. 석비石碑의 역사는 오래되었다. 중국 길림성에 있는 광개토대왕의 기념비가 서기 414년에 세워졌다니 우리 역사에 가장 오래된 것으로 추정된다. 이 비와 같은 사적비史蹟碑는 업적을 기념하기 위한 역사적인 사실을 기록한 것이기에 역사연구에는 중요한 자료가 되나 서정적인 감동은 없다. 그러나 전국 곳곳에 세워져 있는 시비는 우리에게 무한한 감동, 삶과 예술의 가치를 느끼게 한다.

울산에도 많은 시비가 세워져 있다. 처용가 시비를 비롯한 옛 선비들의 시비가 있는가 하면 현대사에 불후의 명작 동요를 남긴 서덕출 시비와 오영수 문학비도 아름다운 모습으로 세워져 만인의 사랑을 받고 있다.

표사유피 인사유명豹死留皮人死留名이란 고사를 인용하지 않더라도 후세에 훌륭한 업적으로써 아름다운 이름을 남길 수 있다는 것은 누구나 소망하는 일이 아닐까! 비碑라고 다 아름다운 것은 아니다. 지나친 공명심으로 다수의 지지나 공감도 없이 무리하게 세워진 시비나 공적비는 대중의 눈살을 찌푸리게 한다.

유유히 흐르는 낙동강이 한눈에 내려다보이는 매화마을 언덕, 검은 대리석에 '경부선 원동역'이란 시를 음각한 홍수진 시비는 한 송이의 향긋한 매화처럼 아름다운 모습으로 우뚝했다. 그는 생전에 유명 가수를 비롯한 대학교수, 방송인, 문인, 화가 등 훌륭한 친구와 지인을 많이 두고 있었다. 특히 친구를 귀하게 여겼다. 시비에 새겨진 시도 군에 입대하는 친구를 배웅하기 위해서 부산에서 원동까지 따라와 작별한, 우정을 소재로 한 것이다. 인기가요의 가사 〈영일만 친구〉의 실재 인물이기도 한 것도 친구를 소중히 여긴 우정의 결실이 아닐까 싶다.

고향 친구와 문우들이 얼마나 그를 못 잊어 했으면 고향 매화 마을 언덕에 시비를 세워주었을까? 48세란 짧은 생애를 살고 갔지만 그가 남긴 흔적에 매화 향이 떠나지 않고 있었다. 그의 시비만큼 삶도 아름다웠다. 모처럼의 매화마을 문학기행 길에 고인의 영혼을 만나 잠시 옛 추억담을 나누었다. 나는 숙연한 자세로 훗날 하늘나라에서 다시 만날 것을 약속하고 작별의 인사를 고했다. "인생은 짧고 예술은 길다." 란 명언을 되뇌면서 일행이 기다리는 버스에 올랐다.

은행잎은 낙엽이 아름다워

정형외과 의사인 친구 김 박사는 결혼을 일찍 한 편이다. 첫딸을 두어 사위도 다른 친구들보다 일찍 봤다. 딸을 결혼시킨 뒤 1년쯤 지나자 외손자를 봤다며 좋아하더니 아예 데려다 키웠다.

중년에 할아버지가 된 김 박사 부부는 외손자에게 푹 빠져 있었다. 특히 김 박사 부인은 외손자에 대한 사랑이 이만저만이 아니었다. 웬만한 모임에는 다 데리고 다니면서 자랑을 늘어놓아 친구들의 눈총을 받기도 했다. "외손자를 귀애하느니 방앗간 공이를 귀애하지."란 속담도 있긴 하지만 솟아나는 혈육의 정은 억제할 길이 없는 것 같았다.

그토록 사랑스러워 어찌할 줄 몰라 하던 외손자였는데, 언제부터인가 김 박사 부인은 종전처럼 외출할 때 손잡고 동행하는 것을 즐겨하지 않았다. 사연이 있었다. 외손자가 성장해 말을 배우니까 아무 데서나 "할머니 할머니." 하며 불러대니 창피해서 데리고 다니기 싫어졌다는 것이었다. 그 이야기를 듣고 나는 '아니 어쩌면?' 하다가도 그럴 수 있겠다고 생각되었다. 언제나 젊고 아름다워지고 싶은 것은 여자의 속성이기 이전에 본능인 것을 어찌 부인하랴!

수년 전 장수촌에 장수비결을 취재하던 기자가 105세의 할머니 모습을 촬영하려 하자 잠깐 기다리라고 하더니 머리를 빗고 저고리를 갈아입은 뒤 포즈를 취하더라는 것이다. 얼굴은 마른 대추처럼 쭈그러지고 정신마저 혼미한 상태이나 여자이기 때문에 아름답게 보이려는 속성은 어쩔 수 없는 것이었다.

초등학교 동기회에 나갔다가 남자 동기생이 오랜만에 만난 여동기생에게 반가워서 하는 인사말로 "오랜만이다. 와 이래 늙었노?"라고 했다. 이 말에 충격을 받아 다시는 동기회에 가지 않는다는 어떤 여자 친구의 이야기를 듣고 속 좁은 생각이라 충고했다. 비록 주름진 얼굴에 머리칼이 반백이어도 늙었다는 말만은 듣고 싶지 않은 것이 사람의 본성이라 이해할 수밖에 없었다.

늙은 모습이 안쓰러운데도 "너 참 안 늙었구나." 하는 인사도 쑥스럽다. 그렇다고 아픈 데를 찌르는 듯 "왜 그래 많이 늙었느냐?"고 본 대로 느낀 대로 말할 수도 없다. 나이 들수록 만나는 옛 친구는 더욱 반가우나 인사말 나누기가 어렵다.

노점상에서 채소를 파는 중년 아주머니를 보고 엉겁결에 "할머니, 상추 한 단 주세요." 했더니 화를 내며 채소를 팔지 않더라고 했다. 욕설보다 더 모욕감을 느낀 것일까?

여자는 외모도 행동도 지성도 아름다워야 한다. 미인 선발대회가 아니라도 우리는 매일 텔레비전 화면을 통해 수많은 미인을 본다. 아름다운 외모와 재능으로 돈을 벌고 출세한 사람들, 청소년들에겐 우상이며 선망의 대상이다.

우리의 가슴속에 동상처럼 각인되어 오래도록 잊히지

않는 아름다운 여자들이 있다. 창가에서 아기에게 젖을 물리고 책을 읽는 잔잔한 여인의 모습, 응급환자를 살리기 위해 땀방울이 가득한 흰 가운의 간호사 얼굴, 성모 마리아상 앞에서 기도하는 수녀의 모습이나 속세와 인연을 끊고 법당에서 참선하는 비구니 모습은 거룩하고 아름답다.

최근 신문광고로 소개된 아프리카의 병들고 굶주린 어린이를 안고 있는 왕년의 할리우드 인기 여배우 오드리 헵번의 주름진 얼굴은 천사와 같은 환상적인 아름다움을 간직하고 있었다. 명화 〈로마의 휴일〉이나 〈문 리버〉 등에서 한 떨기 백합같이 청순한 모습을 보여주던 젊었을 때보다 더 진정한 아름다움이었다.

아름다운 얼굴과 몸매를 가꾸기 위한 성형수술이 붐을 일으키고 있다. 내면의 진실함도 없이 가꿔진 아름다움이 올바른 삶의 가치관에 어떤 보람을 느끼게 할지 의문이 남는다.

은행잎은 푸를 때보다 노랗게 물든 낙엽이 더 아름답고, 아침의 강렬한 태양보다 저녁노을에 비낀 해가 더 아름답다고 했다. 늙어도 단풍처럼 아름다움이 있고 향기를 남길 수 있는 인생으로 살았으면 싶다.

(2010. 12.)

팔자타령

예로부터 숫자에 행운과 불행이 걸려 있다고 여기는 문화는 동·서양이 다를 바 없다. 한자문화권인 한국에서는 4자를 싫어하지만 기독교 문화권인 서양에서는 13자를 기피한다.

성경에서 유래되었다는 13자를 싫어하는 서구 문화가 이제는 우리에게도 전염되어 13이란 숫자를 꺼려하는 경향이다.

나는 서양 사람들이 유독 싫어하는 13일에 태어났다. 음력 동짓달 열사흗날이었다. 삭풍이 문풍지를 울리던 시골 농가 황토방에서 시계도 없던 시절이라 몇 시쯤인지도 알 수 없는 시간에 한 가문의 주손으로 첫 울음을 터뜨렸다. 스무 살의 산모는 초산의 산고로 혼절 끝에 첫아기를 낳고 정신을 차리고 보니 창호지 문틈 사이로 훤한 달빛이 보이더라고 했다.

첫아기를 낳는 광경을 문틈 사이로 훔쳐보던 달이 저녁달인지, 새벽달인지도 알 수 없기에 나의 출생 기록에는 태어난 시간이 없다. 인생살이가 어렵게 꼬이거나 답답할 때 역술인에게 사주나 점으로 운세라도 알아보려 해도 생시가 없으니 헛일이다. 팔자소관이라 체념할 수밖에 없다.

오늘날의 점은 기원전 12세기 경, 고대 중국 주나라에서 만들어진 《주역》에서 출발했다. 인간의 운세를 알아보는 점占은 비과학적인 미신이지만 고대로부터 현대에 이르기까지 많은 사람이 이용하고 있으니 믿을 수도, 안 믿을 수도 없는 불가사의한 것이다. 젊을 때는 사주나 점괘의 운세를 보자고 하면 코웃음을 쳤다. 지금까지 살아오면서 직장을 10군데나 옮기고 20여 회가 넘도록 이사를 다녔지만 역술인의 예언이나 자문을 구하지 않았다.

《주역》이 학문의 한 분야로 부각되고 있다. 인간의 길흉화복을 예언하는 지침서로까지 연구되고 있다는 사실이 세월과 더불어 나의 고정관념을 바뀌게 하고 있다. 첨단과학의 발달로 우주를 들락거리는 오늘날에도 기업인들이나 정치인들이 역술인의 조언을 얻기 위해 줄을 서고, 무당의 굿당도 문전성시를 이루고 있다니 알고도 모를 일이다. 세계 최고의 과학문명을 자랑하는 미국인들도 13일이란 미신의 숫자 앞에는 꼼짝 못 하나 보다. 13일 금요일은 최악의 날이라고 나들이도 함부로 하지 않고, '13일 공포증'이란 의학용어까지 등장했으니 세상은 요지경이다.

나의 탄생을 비춰준 동짓달 열사흘 달은 70여 년 동안 한 달도 빠지지 않고 떠올라 나의 삶을 지켜보고 있다. 만월이 되기 직전의 열사흘 달이 뜨면 불현듯 어머니가 그립다. 보름달이 한 번 되어보지 못한 한을 안고 평생 어두운 그늘 속에서 외롭게 살다 가신 어머니, 그 어머니 같은 열사흘 달이 뜨면 나는 넋을 잃고 하염없이 달을 쳐다보는 한 마리 슬픈 사슴이 된다. 별들도 숨을 죽이는 텅 빈 밤하늘에 외롭게 걸려 있는 열사흘 달은 고독하거나 한이 많은 이들이 사랑하는 달이다.

24세의 젊은 나이로 요절한 소설가 나도향은 그의 수필 〈그믐달〉에서 그믐달을 몹시 사랑한다고 했다. 모든 영화와 끝없는 숭배를 받는 화려한 보름달보다 애인을 잃고 쫓겨남을 당한 공주와 같은 달, 가슴이 저리고 쓰리도록 가련한 달, 그믐달을 사랑한다고 했다. 얼마나 연민의 정을 가졌으면 그믐달 같은 여자로 태어나고 싶다고 했을까!

예로부터 동서양을 막론하고 달은 시인 묵객들의 사랑을 받아온 예술의 소재였다. 술에 취해 강물에 뜬 달을 건지려다 익사했다는 전설을 남긴 이태백만큼 달을 사랑한 시인이 또 있을까! 고독과 좌절로 세상을 비관, 달빛에 젖어 술을 마시며 세월을 보낸 시인이 어찌 이태백뿐이겠는가. 지금 이 시각 이 땅에도 고독한 이태백이 한둘이 아닐 것이다.

어둠을 밝혀주는 밝고 높은 신비한 달은 길을 찾는 나그네에겐 구세주 같은 존재다. 행상을 나간 남편이 밤늦게

까지 돌아오지 못하자 산 위에 올라가 남편의 무사 귀가를 애원하며 "달아 높이 좀 떠올라라."라고 애절하게 부른 백제 가요 〈정읍사〉는 천년의 세월이 흐른 지금에도 우리의 가슴에 남아 있다.

동짓달 열사흘 달, 나는 이 13자와의 인연으로 한세상 운명적인 삶을 살고 있다. 서양인들이 불길하다고 기피하는 숫자 13일에 태어났어도 인류에 회자될 만큼 성공한 인물이 한둘이 아니다. 미국의 독립선언서를 기초하고 3대 대통령이 된 토머스 제퍼슨이 그렇고, 아일랜드의 노벨문학상 수상 시인 예이츠가 그렇다.

서양인이나 동양인이나 생로병사의 운명 앞엔 과학이 따로 없고 미신이 따로 없나 보다. 사는 게 다 팔자소관인 것을.

(2014. 4.)

환삼덩굴과 억새

“시골 가서 농사나 짓지.”

세파에 지친 사람들로부터 가끔 듣는 말이다. 각박한 도시 생활, 치열한 경쟁 사회에서 염증을 느끼다 보면 전원생활에 대한 유혹을 느낄 때가 있다. 푸른 초원의 맑은 공기 속에서 새소리, 물소리, 바람소리와 함께 무공해 농작물을 재배해 먹으며 자연에 묻혀 살면 지상 낙원이 따로 없을 것 같다. 하지만 농사를 지으며 시골에 살아보지 않은 사람들의 꿈이다.

요즘 시골에서 농업에 종사하는 젊은이들 보기가 힘들다. 어쩌다 농촌을 지키는 젊은이가 있어도 장가를 못 간

노총각들이 대부분이다. 농촌이 젊은이들의 꿈과 희망을 앗아간 지 오래다.

농사는 힘이 들고 소득이 낮으며 전망이 없으니 젊은이들이 너도 나도 고향을 등지고 도시로 떠나 버린다. 오도 가도 못하는 노인들만이 농촌을 지킨다. 노동력이 없으면 농사를 짓지 못한다. 아무리 농기계가 발달해도 논과 밭을 갈고 씨를 뿌리며 풀을 매려면 노동력이 있어야 한다.

나는 수년 전부터 주말농장에서 상추와 고추, 감자 등 몇 가지 채소 농사를 짓고 있어 농사의 어려움과 농사에 생계를 걸어야 하는 농민의 고충을 짐작한다. 힘든 농사일 가운데 가장 귀찮은 작업이 잡초를 제거하는 것이다. 밭농사 일은 잡초와의 전쟁이다. 풀을 뽑거나 베는 일을 수 없이 거듭해도 돌아서면 다시 고개를 쳐드는 것이 잡초다. 잡초 제거에는 시작과 끝이 없다.

잡초도 자연 생태계에 조화를 이루며 더불어 살아가는 풀이며 약제로 쓰이는 유익한 것도 있다. 하지만 농작물 재배에 방해가 되면 제거의 대상이다. 잡초만큼 강한 생명력으로 자유분방하게 살아가는 들풀도 없다. 오다가다 마음 내키면 뿌리를 내리고 안착한다. 의식주에 구애받지 않고 자유로운 삶으로 종족을 번식하며 대를 이어간다. 다른 작물이 죽거나 말거나 농부가 욕을 하거나 말거나 상관하지 않는다.

잡초라는 종자가 따로 없다. 보리밭에 밀이 자라면 잡초가 되고 고추밭에 옥수수가 나도 잡초가 된다. 잡雜자가 든 말 가운데는 좋은 말이 없다. 잡놈이 그렇고 잡년, 잡목, 잡상인, 잡종, 잡어, 잡음이 그렇다. 그런데 잡초의 삶을 닮은 사람이 많다.

내가 제일 싫어하는 잡초는 환삼덩굴과 억새풀이다. 주말에 가끔 가는 농장이지만 갈 때마다 이것들이 진입로까지 덮어 버려 곤혹을 치른다. 그 강한 생명력과 성장 속도에 회의를 느끼고 환멸을 금치 못한다. 환삼덩굴은 가시가 달린 톱날 같은 덩굴로 스치기만 하면 팔이나 다리에 상처를 곧잘 입힌다. 가시로 무장한 덩굴이 나무나 농작물을 덮치면 사망 아니면 중상에 이른다.

잡초의 제왕으로 군림하는 환삼덩굴도 인간의 병을 치료하는 약재로 훌륭한 효능을 갖고 있다. 선과 악의 두 얼굴을 가져 저주의 대상만은 아니다. 《본초강목》에 "삼초三焦를 윤활하게 하고 오곡을 소화되게 하며 오장을 보익한다. 배 속에 있는 갖가지 벌레를 죽이며 온역을 다스린다."라고 적혀 있다. 설사, 이질, 고혈압, 폐결핵, 폐렴, 치질 등에 좋은 치료약이라고 하지만 잡초로 잔인하게 제거해야 하니 나의 이 절박한 사정을 모르고 야속하다 한들 어이하랴!

억새풀은 또 어떤가! 가을이면 수많은 시인 묵객들의 사랑을 받는 들풀이 억새이다.

"아, 으악새 설피 우는 가을인가요." 작고 가수 고복수가 부른 〈짝사랑〉이란 대중가요의 노랫말 첫 구절이다. 산등성이나 산자락 밭둑 등에 무리지어 자라다가 가을이 되면 하얗게 꽃이 피는 억새, 가을이면 비울 것 다 비우고 빈 대궁이 되어 독거노인의 쓸쓸한 모습으로 저물어 가는 능선에 앉아 세월을 기다린다. 언덕이나 산에 무리 지어 피는 억새는 아름다워 관광객들로 사랑을 받지만 농장에 침입하면 제거하기가 가장 어려운 잡초다. 뿌리까지 뽑아 토막 내어도 다시 살아나는 끈질긴 생명력을 가지고 있는 풀이다. 관광객들이 평원의 억새가 장관이라며 감탄을 할 때 경작자는 농장의 억새 뿌리를 파내느라 비지땀을 흘려야 하는 절박함에 시달린다.

농심이란 농부의 착한 마음을 뜻한다. 하늘과 땅을 믿고 봄에 씨를 뿌리고 가을이면 희망의 열매를 기대하는 순박한 마음으로 사는 것이 농부의 삶이지만 사실은 잡초와 병충해와의 치열한 생존 경쟁을 하는 아귀다툼의 생활이다.

환경오염과 고엽제 피해가 연상되어 농약의 남용을 피하려 하지만 생존경쟁의 현장에서 해충과 잡초가 희생되지 않을 수 없다. 잡초가 약초나 먹을거리로 유익하다 해도 잡초는 잡초일 뿐이다.

짝사랑

짝사랑은 열병을 앓게 한다. 일방적인 사랑이기에 애달프고 슬프고 고독하다. 철부지 중학생일 때 좋아하는 여학생이 있었다. 사춘기 때 흔히 있을 수 있다는 일방적인 짝사랑이었다. 남들이 알면 "머리에 소똥도 안 벗겨진 놈이…." 라든가 "못된 송아지 엉덩이에 뿔부터 난다."라는 말로 크게 지탄을 받을 것 같았다. 그리하여 누구에게도 내색할 수 없는 비밀로 속앓이를 하고 있었다.

한 소녀에 대한 짝사랑을 안고 학창 시절을 보냈다. 첫사랑이 된 그 소녀는 지금쯤 어디서 어떻게 살고 있는지 알 수가 없지만 숱한 세월이 흐른 지금까지 문득문득 생각이 난다. 요즘도 가끔 서정주 님의 시 〈부활〉의 한 구절 "순아 너 참 내 앞에 많이 있구나/ 내가 혼자서 종로를 걸어가면 사방에서 네가 웃고 오는구나."를 읊조리며 홀연한 만남을 소망한다. 짝사랑의 후유증이 얼마나 지독하기에 반세기가 넘은 지금도 잊히지 않는 것인가!

이순의 나이를 훌쩍 넘은 요즘 한 쌍의 동물과 짝사랑을 하고 있다. 그 동물은 야생 꿩 한 쌍이다.

울산 석유화학공단지 내 한 기업체에서 공장 안에 사육하던 꿩의 수가 너무 많아지자 몇몇 지인에게 분양했다. 이때 부화한 지 3개월쯤 된 장끼 한 마리와 까투리 두 마리를 받게 되었다. 단독 주택 옥상에 꿩 사육장을 마련하고 닭 사료를 먹이로 준비했다. 아침에 눈을 뜨면 꿩 사료 주는 일로 하루의 일과를 시작했다. 일주일이 되는 날 아침, 먹이를 주려고 가보니 까투리 한 마리가 보이지 않았다. 야성이 강한 줄 알기에 그물로 철저하게 대비를 했건만 기어코 탈출에 성공하고 만 것이다. 남은 한 쌍 가운데 한 마리라도 잃으면 사육의 의미가 없다고 관리에 심혈을 기울였다.

꿩은 우리나라 산야에 서식하는 대표적인 야생 조류이지만 식용으로 인기가 높아 사냥 대상으로 수난을 당해 왔다. 맛이 좋아 "꿩 대신 닭"이라는 속담도 생겼다. '꿩 먹고 알 먹고, 도랑 치고 가재 잡고, 임도 보고 뽕도 따고' 라는 속담도 같은 맥락으로 사용되는 것이지만 꿩의 경우는 좀 다르다. 꿩은 모성애가 강해 산기슭 아늑한 곳에 둥지를 틀어 알을 품고 있을 때 사람이 발견하면 도망가지 않아 잡힌다. 이때 암꿩을 잡으면 자연히 알도 얻게 되어 '꿩 먹고 알 먹고' 란 속담이 나왔으리라 추측된다. 꿩은 어리석고 둔한 동물이다. 장끼가 사냥꾼에게 쫓기면 숨는다는 것이 머리만 숲에 박고, 자신이 못 보니 상대도 안 보이는 줄 알고 잡히는 경우가 허다하다.

꿩은 오래전부터 우리와 더불어 살아온 가축 같은 야생 조류다. 장끼는 화려한 옷을 입고 있어 아름답다. 이래저래 사랑받고 있으나 사육하기엔 강한 야성 때문에 어려움을 겪는다. 어떤 사육장에서는 결사적인 탈출로 스스로 상처를 입을까 봐 안경을 씌우기도 한다.

도시 주택가 중심의 옥상에 있는 사육장으로 옮겨온 지 두 달이 지난 어느 날 아침, 먹이를 주기 위해 꿩 사육장을 살피다가 회색 빛깔의 알을 발견하였다. 신기하고 반가운 나머지 얼른 끄집어내어 만져 보았다. 메추라기 알의 두 배 정도 크기로 표피가 매끈하여 탐스러웠다. 그날 이후 까투리는 매일 아니면 하루 걸러 한 개씩 알을 낳았다. 열 개가 모였을 때 둥지를 만들어 알을 품도록 했다. 그런데 알은 계속 낳았지만 품지를 않았다. 도회의 불빛과 소음으로 알을 품을 환경이 되지 않아 부화를 포기한 것 같았다. 어쩔 수 없어 둥지의 알을 회수하여 냉장고에 보관하기 시작했다.

어릴 때 시골에서 행운의 꿩알을 발견하면 15개 안팎이었다. 15개 정도의 알을 낳아 새끼를 까는 것이 통례인데 나의 사육장 까투리는 알을 낳기 시작한 지 두 달이 지나도 계속 낳고 있지 않는가!

20개의 알이 냉장고에 모였을 때부터 2개 내지 3개씩 포장하여 행운과 부의 상징이라며 가까운 지인들에게 선물하고 몇 개씩 삶아 먹기도 하였다. 그런데도 냉장고 안의 꿩알은 늘어나기만 했다.

야성이 강하고 지능이 낮아서인지는 알 수 없으나 여섯 달이 넘도록 맛있는 음식과 정을 있는 대로 다 쏟아부어도 꿩 부부는 눈길 한 번 주지 않고 돌아서기만 하는 매정한 동물이었다. 어찌하면 마음을 돌릴 수 있을까? 그들이 좋아할 콩이나 야채를 썰어 주거나 꿈틀거리는 지렁이까지 잡아다 바쳐도 외면하기는 마찬가지였다. 내가 보는 앞에선 절대 먹지 않았다. 아무도 보이지 않으면 그제야 마음이 놓이는지 주위를 힐끗거리며 먹이를 쪼아 먹으니 숨어 보지 않으면 먹는 모습을 보기도 힘들다. 야속한 꿩이었다.

야생 조류에 불과한 꿩이지만 일방적인 집착은 한 소녀를 열병이 나리만치 짝사랑한 것과 같은 맥락이어선지 아련한 추억으로 오래 남아 있다. 사람들은 왜 짝사랑한 첫사랑을 그토록 못 잊어 하는 것인가!

제 3 부

내 벗이 몇이나 하니

남자의 자존심

동서양을 막론하고 시계만큼 사랑받은 귀중품도 없다. 예로부터 신랑 신부의 예물로 시계와 반지는 필수품이었다. 우리 세대에는 장가를 든 신랑이 명품 시계를 결혼 선물로 받은 것을 큰 자랑으로 여겼다. 요즘 스마트폰의 영향으로 시계가 찬밥 신세가 되어가지만 나는 예나 지금이나 하루도 시계를 휴대치 않고는 불안해서 다닐 수 없다.

내 친구 K는 법학을 전공한 사법고시 준비생이었다. 여러 차례 응시했으나 고배를 마시곤 했다. 그러던 어느 날 그는 7전8기의 고비를 넘기지 못해 고시를 포기하고 기업체 회사원으로 취직했다. 어려운 사법 고시를 고집하다가 건강이 악화되고 기다리는 연인과의 결혼도 늦어져 인생의 낙오자가 되면 어쩌나 하는 생각에 궤도 수정을 하게 되었다는 그의 변이었다.

판검사가 되리라 기대했던 가족과 친구, 지인들의 눈길을 뒤로하고 기업체 회사원으로 근무한 지 몇 달 뒤 사귀던 연인과 결혼식을 올렸다. 신혼여행을 다녀온 며칠 뒤 회사에 다시 출근한 그가 유명 시계점에 볼일이 있다며 같이 가자기에 동행했다. 그는 명품 시계 하나를 고르더니 자기의 예물 시계를 벗어 웃돈을 주고 바꾸는 것이 아닌가. 나는 아찔한 현기증을 느낄 만큼 충격적이었으나 친구는 이미 각오한 듯 태연했다.

그가 받은 예물시계가 문제가 되었다. 의사나 판검사 수준의 신랑들이 결혼예물로 주로 받던 명품 시계가 아니어서 자존심에 큰 상처를 받은 것 같았다. 당시 처가는 장인이 중소기업을 경영하는 부자였는데, 사위가 기대했던 판검사가 못 된 데 실망하여 무시하는 눈치를 보였다. 가뜩이나 고시에 성공하지 못해 기가 죽어 있는 그에게 처가에서까지 푸대접하고 멸시한다며 자존심이 상해 결혼한 것을 후회하기까지 했다. 결혼 서약대로 신부와 함께 평생을 간직해야 할 신물神物을 그렇게 쉽게 바꾸면 어떻게 하느냐고 했더니 말없이 웃기만 했다. 자존심에 얼마나 큰 상처가 되었기에 예물시계마저 바꿔버리는 것일까.

결혼 뒤 신접살림을 차려 마음을 잡는 듯하더니 그는 회사에 사표를 던지고 미련을 버리지 못한 사법고시에 다시 도전했다. 1년 뒤 드디어 합격하여 판사로 발령을 받았다. 결혼으로 인해 받은 충격과 상처가 이를 악물게 했고 재도전의 기회를 만들어 7전 8기 성공의 영광을 안게 된 것이다.

그가 지방 판사로 발령받아 근무할 때 종종 소식이 있었다. 고명딸을 키우면서 단란한 가정을 이루어 행복하게 잘사는 줄로만 알았다. 그런데 어느 날 들려오는 소문에 이혼했다는 것이 아닌가. 그의 이혼 소식을 듣자 결혼 초 명품 시계 사건이 떠올랐다. 금수저를 물고 태어나 명문대를 나온 고시 지망생이었던 그는 기대에 어긋난 예물시계로 한때 자존심에 큰 상처를 받긴 했으나 전화위복의 계기를 마련하여 성공한 인생이 되었다.

기대에 못 미친 신랑을 사위로 맞이하면서 자존심을 상하게 했던 신부 측 가족들의 뒷이야기는 들을 수 없었다.

"여자가 한을 품으면 오뉴월에 서리가 내린다."고 했지만 남자의 자존심은 아부하거나 비굴하지 않고 남자답게 살고 싶은 최후의 양심이다.

나는 30여 년 가까운 직장생활을 하면서 여러 번 사표를 쓰고 직장을 옮겨 다녔다. 직장을 옮길 때마다 여자로 치면 팔자를 고치는 것과 다를 바 없다고 생각하며 고심을 거듭했다. 하지만 뜻대로 되지 않아 사표 쓰기는 열 번을 넘기고 말았다. 이유는 여러 가지였지만 자존심에 상처를 받아 사표를 던진 적이 한두 번이 아니었다.

부부가 한평생을 살면 우여곡절이 있기 마련이지만 여자가 남자 자존심을 지켜주는 것이 무엇보다 우선이라 생각된다. 남자가 한생을 살면서 자존심 구기지 않고 제대로 살기가 그리 쉬운 일이던가! 중국 역사의 인물 사마천은

한무제의 노여움을 사서 생식기가 잘리는 궁형의 치욕을 당하면서도 목숨을 부지하여 위대한 역사서인 사기를 완성했다는 전설 같은 이야기가 있긴 하다.

"보통 같으면 비굴하기 쉽고 때로는 아첨도 되는 불우한 자리에 있으면서도 항상 자존심을 간직하고 당당한 사람은 더욱 멋이 있다." 라고 한 김태길 교수의 수필 〈멋있는 사람들〉 중 한 구절이 유난히 가슴에 와 닿는다. 갈 길이 바쁜 노후이지만 자존심이나 제대로 간직하고 살다 갔으면 하는 마음 간절하다.

(2016. 3. 1.)

나羅 박사의 팔

의사나 판사, 변호사 등 사師, 事, 士 자字 돌림의 직업을 가진 사람들은 이 시대에 가장 인기 있는 전문직에 속한다. 선망의 대상이요, 존경의 대상이기도 하다. 결혼 중매를 주선하는 마담뚜의 명단에도 상위에 올라 있는 인기 인물이다.

한때 의사 사위를 보려면 최소한 열쇠 세 개는 준비되어야 한다고 했다. 의사를 양성하는 의과대학에는 인재들이 몰려 입시 경쟁이 치열하다. 의사가 되면 수입도 보장되지만 사회적으로 존경도 받는다.

의사는 인간의 건강과 생명을 지켜주는 숭고한 파수꾼

이며 수호신이기도 하다. 평생을 살면서 병원의 신세를 지지 않고 사는 사람은 없을 것이다. 인간의 질병은 노화과정에서 심화되기 마련이다. 노인이란 소리를 들으면서 병원을 드나드는 횟수가 늘어 간다. 오래 탄 자동차처럼 여기저기 고장이 생긴다. 치아를 비롯해서 피부, 눈, 귀, 심장, 허리 등 신체 여러 부위에 이상이 생겨 치료를 받으러 오는 노인들로 종합병원은 만원을 이룬다.

나는 70여 년을 큰 병 없이 건강하게 살아온 편인데 몇 달 전에 허리가 아파 신경외과를 찾아갔다. 진료의사의 지시대로 X레이와 MRI 촬영을 했다. 영상자료를 살피던 담당 의사는 증상이 심하니 수술을 해야 한다고 했다. 디스크 수술은 함부로 하는 것이 아니라는 이야기를 여러 차례 들어온 바 있어 바로 의사의 권유를 받아들이기에 망설임이 앞섰다. 고심 끝에 몇 군데 다른 병원의 전문의에게 영상자료를 가지고 판독을 받아보기로 했다. 네 분의 의사 의견이 모두 달랐다. 어느 장단에 춤을 추어야 할지 결정할 수가 없었다.

수년 전 교통사고로 팔을 크게 다쳐 고생한 대학 후배 이 교수가 생각났다. 부산 해운대에서 승용차와 트럭이 충돌하는 큰 교통사고가 났을 때 중상을 입었다. 피투성이로 인근 병원에 후송돼 응급치료를 받았는데 외과 담당의사가 오른팔의 뼈가 많이 부서져 부득이 팔을 잘라야 한다고 진단했다. 환자는 순간 앞이 깜깜했으나 절단수술을 하지 않으면 안 되는 것으로 알고 다음 날 수술을 각오하고 있었다. 참담한 심정으로 천장만 쳐다보며 팔이 없으면 강의를 어떻게 하나 하는 생각으로 운명의 시간만을 기다리고 있었다. 그때 대학에서 사고 소식을 들은 선배 교수인 나 박사 일행이 병원에 도착했다. 환자의 상태와 치료 과정에 대한 이야기를 들은 나 박사는 아연실색했다. 의학에는 전문지식이 없지만 지방의 작은 병원에서 팔을 절단해야 한다는 중대한 결정에 동의할 수 없다고 항의하고 즉시 서울 모교의 대학병원으로 이송할 것을 고집했다.

우여곡절 끝에 항공편을 마련하여 환자를 서울로 이송하게 되었다. 대학병원의 담당 의사는 응급치료를 한 후

환자의 팔을 절단하지 않고 치료할 수 있는 방안을 강구했다. 사람의 몸은 자연 치유의 기능을 가지고 있다며 한 달 정도 물리치료를 하면서 환부의 상태를 살펴보자고 했다. 한 달이 지난 후 부서진 환부의 뼛조각들이 다시 제자리로 돌아가는 기적이 나타났다. 다시 3개월이 지나자 90% 이상이 제자리를 찾아 붙고 있었다. 팔을 자르지 않고 치료할 수 있다는 확신이 섰다.

이 박사는 일 년 가까운 병원 생활 끝에 완치되어 잃을 뻔했던 오른팔을 그대로 보존하게 되었다. 대학에 복귀하여 수많은 인재를 육성한 한국의 석학으로 기여하다 정년퇴직을 했다.

지금도 가끔 동문회 모임에서 자기의 오른팔을 높이 들고 "이 팔은 나의 팔이 아니고 나 박사님 팔"이라 외친다. 사고 당시 선배인 나 박사가 아니었더라면 오른 팔을 잃은 장애인이요, 폐인이 되었을 것이라 그 은혜는 평생 잊을 수 없다고 강조한다.

의사도 신이 아닌 이상 실수를 범할 수 있을 것이다. 과

잉 진료와 오진으로 사회적 물의를 일으키고 황당한 의료 사고로 신의와 존경을 잃기도 한다.

허리 통증으로 신경외과 병원을 찾은 나는 허리디스크(추간판탈출증)로 진단받고 인맥을 총동원하여 치료의 명의를 찾고 있으나 몸을 맡길 만한 의사를 만나지 못하고 있다. '자연치유'란 요행에 기대를 걸고 물리치료를 하며 고통을 감내하고 있을 뿐이다. 수술이나 시술로 병을 고쳐주겠다는 의사는 많지만 불신으로 인한 불안과 갈등이 밤잠을 설치게 한다.

"편작*이 열이오나 이 병을 어이하리." 정철의 가사 〈사미인곡〉의 한 구절을 떠올리며 운명의 그날을 기다려 본다.

(2015. 3.)

---

* 편작: 중국 춘추전국시대 주나라 명의.

내 벗이 몇이나 하니

조선 중기 시조문학의 대가인 고산 윤선도는 벗이 수, 석, 송, 죽, 월 다섯이라고 〈오우가〉에 읊었다. 귀양살이에서 풀려나 말년에 고향에서 자연을 벗 삼아 세월을 보내며 은거생활하던 고산은 55세 때 금쇄동에서 〈오우가〉를 지었다고 알려진다. 얼마나 사람이 그립고 외로웠으면 물과 돌 같은 자연을 벗으로 족하다고 자위했을까?

사람들은 평생을 살면서 어릴 때 소꿉친구를 비롯해서 각급 학교의 학우와 직장 동료 등 각계각층에서 친구를 만나 사귀며 살아오기 마련이다. "부모 팔아 친구 산다."는 속담은 우리의 삶에 친구의 존재가 얼마나 중요한 것인지를 역설적으로 극명하게 표현한 말이다. 사회생활을 하면서 만나는 많은 사람과 친구가 될 수 있다. 하지만 모두가 친구다운 친구는 아니다.

어릴 때부터 많은 친구를 사귀며 살아왔지만 만났다 헤어지는 부침의 역사 속에 가슴에 남아 있는 친구다운 친구가 몇 명이나 되는지 감히 손꼽을 수가 없다. 나이 들면서 친구의 소중함이 더욱 절실해진다. 석양에 삶이 힘들고 외로울 때 소주 한잔하자며 부르던 친구 김 사장은 지난해 가을 어느 날 홀연히 돌아올 수 없는 먼 여행을 떠나버렸다. 오는 친구보다 가는 친구가 더 많아진 지 오래지만 가는 세월처럼 잡을 수 없이 떠나는 친구가 야속할 뿐이다.

긴 세월을 살아오면서 지연과 학연, 직장연 등으로 수많은 사람과 친구가 되어 정을 나누며 살아왔지만 헤어진 뒤 잊을 수 없는 친구는 그리 많지 않다. 마지막 이승을 떠날 때 "친구야 나 먼저 간다." 라고 전화라도 해야 할 친구가 몇이나 될까? 즐거움을 같이 나눌 친구는 아직 많지만 괴로움이나 슬픔을 같이 나눌 친구는 쉽게 찾을 수 없는 것이 현실이다.

우정을 표현하는 사자성어 가운데 '문경지우刎頸之友'가 있다. 목숨을 걸고 신의를 지킬 만큼 친한 친구란 전설적인 이야기일 뿐이지만 오늘을 사는 우리에겐 많은 여운을 남긴다.

천재 화가 이중섭과 시인 구상과의 우정에 대한 이야기는 알면 알수록 감동적이다. 황소 그림의 화가 이중섭에게 언론인이며 시인인 구상이란 친구가 없었더라면 그가 한국 근대미술을 대표하는 최고의 화가가 될 수 있었을까 싶다. 이중섭과 구상은 함경남도 원산에서 청소년기를 함께 보냈으나 그때까지 서로 알지도 못했다. 이중섭이 1935년 일본 유학 시절 도쿄에서 구상을 만나 친하기 시작했다는 것이다. 그들은 유학을 마치고 귀국하여 원산에서 이중섭은 화가로 구상은 신문 기자로 활동하면서 우정을 쌓아 갔다.

1945년 이중섭이 원산여자사범학교 미술 교사로 근무할 때다. 일본에서 사귄 야마모토 마사코가 한국으로 찾아왔을 때 결혼을 주선한 친구가 구상이었으며 마사코란 일본 이름을 한국 이름 이남덕으로 지어 한국의 며느리가 되도록 주선한 이도 구상이었다니 그들 우정의 심도가 남달랐음을 짐작할 수 있다. 이중섭이 첫아들을 디프테리아로 잃었을 때 구상과 둘이서 관을 짜 시신을 넣어 방에 두고는 밤새도록 술을 마시며 슬픔을 나누었다는 사실은 구상의 글에서 읽을 수 있다.

시인 구상과 화가 이중섭은 예술이라는 공통분모를 가지고 있었지만 서로 사는 방식은 달랐다. 삶의 위기나 중요한 고비마다 만나지 않으면 안 되는 숙명적인 인연이었다. 이중섭이 1955년 서울 미도파 화랑에서 45점의 작품으로 개인전을 열었을 때 춘화도 시비로 중도 철거당하는 수모를 겪어 실의에 빠졌으나 이를 수습하여 다시 대구 미공보원 전시장에서 개인전을 열도록 주선한 이도 구상으로 알려지고 있다. 구상 시인은 당시 국방부신문 '승리일보'의 주간이며 종군기자단장을 역임한 유명 언론인이었기에 숙명적인 친구 이중섭을 도와줄 수 있는 위치에 있었음을 짐작할 수 있다.

이중섭은 41세에 요절한 불우한 천재 화가다. 그가 세상을 떠나기까지 북한에서 월남하여 일본 유학과 6·25전쟁 제주와 부산 등지에서 그림을 그리며 살아오는 동안 가난과 좌절 가족과의 생이별과 병고 등으로 여러 번 죽음의 고비를 넘겼다. 그런 위기를 당할 때마다 그의 곁에는 구상이란 친구가 있어 다시 일어나곤 했다.

이중섭이 일찍부터 화가로서의 천재성을 인정받았다고 하나 비극적인 사생활 때문에 빛을 보지 못했다. 그가 눈을 감은 지 50년이 지났지만 2010년 서울 옥션 경매장에서 그의 그림 황소가 35억 6천만 원에 경매되었다.

천재 화가 이중섭이 처절한 고독과 생활고로 절망에 허덕이다 간염으로 서울 서대문 적십자병원에서 사망하자 뒤늦게 소식을 듣고 달려온 구상 시인은 시신을 화장하여 유골의 절반은 망우리 공원묘지에 묻고 나머지 절반은 일본 가족에게 보냈다는 것이다. 이중섭에겐 구상이란 친구가 없었더라면 일본의 가족이 어찌 유골이나마 안아볼 수 있었겠는가?

이중섭도 가고 구상도 갔지만 두 분의 우정에 녹아 있는 사람의 향기는 우리 예술의 역사에 영원히 남으리라.

모과향木瓜香

와사보생臥死步生, 즉 누우면 죽고 걸으면 산다는 말이 요즘 유행하고 있다.

언제부터인지 전국 곳곳의 강변이나 동산에 올레길, 둘레길, 어울길이라는 이름의 산책로가 만들어지고 건강에 좋다는 걷기 운동을 즐기는 사람들이 쏟아져 나오고 있다.

참 좋은 세상이 되었다. 먹고 살기 바빴던 옛날에 비하면 새로운 세상에 온 느낌이다. 자동차가 대중화되기 이전에는 십 리, 이십 리 걷기를 밥 먹듯 생각하고 걸었기에 별도로 걷기 운동을 할 필요가 없었다. 당시엔 걷기는 사치스런 운동이었다.

걷지 않으면 아니 되는 직업이 있었다. 우체국의 집배원이다. 자전거로도 갈 수 없는 산골까지 하루 오십 리 길도 걸어서 배달 업무를 수행했다. 그야말로 울며 겨자 먹기로 걷기의 달인이 되는 것이다.

이제는 교통수단의 발달로 집배원도 먼 길을 걸을 필요가 없어졌다. 옛날의 집배원들, 혼자서 큰 가죽 편지함 가방을 메고 산 넘고, 강 건너 기쁜 소식, 슬픈 소식을 전해야 했던 고독한 걷기의 고충이 얼마나 컸을까? 그런데 그 걷기의 격무가 보약이 되어 노경에 장수 비결이 되었다는 경우도 있다. 전화위복이 된 사례다. 말을 타는 귀족보다 마부가 더 건강하고 우유를 받아먹는 고객보다 우유 배달원이 더 건강하다는 논리다.

얼마 전 집배원 출신 노인 한 분을 만났다. 팔순을 넘긴 나이지만 장년처럼 건강한 모습이었다. 35여 년 집배원으로 근무하다 정년퇴직을 했다는 안安 노인에게 건강의 비결을 물었다. 많이 걷고 봉사를 하는 것이라 했다. 걷기보다 더 좋은 운동이 없으니 많이 걸어서 건강해지고, 불우한 이웃을 도우는 봉사까지 하니 현재의 삶이 더없이 행복하다는 것이다. 집배원 시절, 발이 부풀어 터지도록 걸었을 텐데 신물도 안 나느냐고 했더니 걷기로 단련된 몸인데다 습관화되어 계속 걷지 않으면 견딜 수 없다고 했다. 《동의보감》에서도 일찍이 건강에는 약보다는 식보요, 식보보다 더 나은 것이 행보라 했다. 인간은 자동차와 비행기를 발명했지만 끝내는 걷지 않으면 누군가를 만날 수도 없고 가고 싶은 곳에 갈 수도 없다.

봉사는 어떻게 하느냐고 물었다. 폐지 등 재활용품 수집을 10년 넘도록 해 오면서 고물을 판 돈으로 쌀을 구입해 불우이웃에게 나누어주는데 그동안 나눠준 쌀의 양이 20kg들이 100포대가 넘는다는 것이다. 보통 사람 같으면 35년간 고행의 격무에 골병이 들어도 보통은 아닐 성싶은데 고희를 넘긴 노인답지 않게 건강을 유지하고 있는 것을 보면 아마도 테레사 효과의 덕택이 아닐까 싶었다.

'테레사 효과'란 로마 가톨릭의 테레사 수녀가 희생과 봉사의 삶으로 일관한 나머지 87세로 타계하기까지 단 하루

과로로 누운 것밖에는 아파 본 적이 없이 건강했다는 데서 유래된 신의학 용어이다. 봉사의 즐거움이 건강을 증진시킨 실례라는 것이다.

인간은 누구나 혈기 왕성한 젊은 시절을 보내고 나면 노후를 맞게 된다. 신체적 정신적 노화 현상으로 사회적 기능과 역할이 감퇴되어 고물이 되기 마련이다. 하지만 안 노인은 비록 몸은 노쇠했지만 나이는 숫자에 불과하다며 스스로 노인이기를 거부한다. 마음이 늙지 않으면 노인이 되지 않고, 기여도가 있고 재활용 가치가 있어도 노인이 되지 않는다며 요즘도 꼭두새벽에 골목길을 누비고 폐지 수집에 여념이 없다.

안 노인을 만난 후 옹졸한 삶을 살아온 자신이 부끄러워졌다. 요양원에 목욕 봉사라도 하겠다고 마음먹은 적이 오래지만 아직 실현을 못 하는 자신이 한심스럽기까지 했다.

희수를 바라보는 나이지만 재활용의 가치가 있는지를 곰곰이 생각해본다. 평균 수명이 늘어 요즘은 노인 회관에 모이는 회원 가운데 70세 정도는 노인 축에 들지도 않는다.

단풍은 낙엽이 더 아름답고, 늦게 피는 꽃이 화려하다 했다. 어떻게 하면 테레사 효과로 여생을 건강하고 보람 있게 살 것인지가 숙제로 남는다.

농익을수록 짙은 향기를 내는 모과 같은 노후 인생이 되길 소망해 본다.

어느 시인과의 인연

불세출의 시인 이기원이 회재晦齋 이언적 선생의 후예로 명문대학을 나온 인재란 사실을 안 것은 40여 년 전이다. 당시 방송 기자로 일하고 있을 때 부산 국제신문 문화부 기자 출신인 이 시인이 낙향하여 울주군 두동 봉계에서 투병하고 있다는 사실을 집안의 이강걸(당시 경향신문 논설위원) 형으로부터 들어 어렴풋이 알았다.

이기원 시인은 1965년에 김현승 시인의 추천으로 울산에서는 현대문학으로 등단한 최초의 시인이다. 지역의 문학계에서도 1960년 후반기에 이미 그의 이름이 알려져 있었다. 나는 1969년 울산문인협회 간사로 문학 활동을 했지만 이기원 시인을 만나거나 그의 시를 읽어볼 기회가 없었다.

1982년 말 나는 방송계를 떠나 가족을 이끌고 서울로 이주하였고 3남매 자녀를 모두 서울로 전학을 시켰다. 대학을 졸업하고 직장에 다니던 딸아이의 혼기가 닥쳐왔다. 신랑감을 구하던 차에 친척의 중매로 딸이 최근에 만난 총각과 데이트를 자주 한다고 했다. 그러던 어느 날 그 총각을 한 번 만났으면 했더니 딸이 저녁 식사 자리를 주선해 소개해 주었다. 첫 만남의 자리에서 인사를 하는 태도와 인상이 좋아 반해 버린 것은 딸보다 아버지였다. 더구나 한국 최고의 명문 대학을 나온 수재로 대기업에서 중책을 맡고 있었으며 고향이 동향인 울산이라는 데 더욱 호감이 갔다.

그 신랑감이 이기원 시인의 아들이었다. 5남매 가운데 외동아들로 4대 독자였다. 아버지의 안부를 물었더니 2년 전 세상을 떠나셨다고 했다. 오랜 투병 생활을 하고 있는 시인이라는 사실을 알고 있었지만 고인이 되었다는 소식에 당황하지 않을 수 없었다. 그날부터 이 혼사가 행여나 이루어지지 못 할까 봐 노심초사했으나 다행히도 몇 달 뒤 결혼식을 올리게 되었다. 신랑 혼주의 자리는 그의 영혼과 부인 최순자 여사가 지키고 있었다. 이로써 나는 26년간 고이 기른 딸을 여주 이씨 문중의 이기원 시인 며느리로 시집을 보내게 되어 사돈의 인연이 된 것이다.

서울에서 신접살림을 차린 딸이 어느 날 시어머니인 최순자 여사가 사돈에게 드리라며 준비한 책 한 권을 전해 주었다. 반갑게 받아 책의 포장지를 급히 벗기니 노란색 바탕에 '겨울철쭉' 이란 표제가 선명한 이기원 유고 시집이었다. 133쪽의 얇은 시집으로 1990년 6월 경주에 있는 '도서출판 글밭'에서 출간된 책이었다. 뒤표지 상단에 누구의 시인지 밝혀지지 않은 시 한 구절이 인용되어 있었다.

누워서 쓴 시!
평생을 병마의 고통 속에서 헤어나지 못한 채
입안에 넣어 주는 밥을 먹으며
옴짝달싹 못하는 육신을 끌고

그는 차라리 노래하는 나방이었다.
보라. 시작을 위한 집념 하나로
불꽃처럼 뜨겁게 살다간 그.
– 좁은 방안은 그의 우주였고
시는 곧 삶의 확인이자 구원 그 자체였다.

위의 시 구절을 읽자마자 눈시울이 뜨거워져 하염없이 천장만을 멍하니 쳐다봤다.

표지 안쪽에 실린 사진으로 사돈과 첫 대면이 이루어졌다. 빙긋이 웃는 모습이 우수에 젖은 고독한 표정이었다. 사진을 유심히 보고 있으니 손을 내밀고 악수를 하잔다. 손을 잡고 팔목이 시리도록 흔들고 싶었으나 손이 잡히지 않았다. 예로부터 마음 맞는 사돈만큼 좋은 친구가 없다고 했다. 멀고도 가까운 친구, 어렵고도 귀한 친구가 사돈이 아닐까 싶다.

사돈 이기원 시인이 며느리라도 보고 가셨으면 얼마나 좋았을까! 하는 생각이 가슴을 파고들었다. 어쩌면 사돈의 삶이 그리도 고달프고 애달팠을까? 무엇이 급해 그토록 빨리 가야만 했을까? 애통하기 그지없었다. 사돈끼리 마주 앉아 술상이나 받아 놓고 인생과 문학을 이야기하며 밤샘이라도 한번 해봤으면 한이나 없을 것을. 만감이 교차하는 순간이었다.

이기원 시인의 유고 시집은 당시 시인이며 울산문협지부장을 지낸 김성춘 전 교장과 한상학 안과 원장의 주선으로 출간되었다는 사실을 뒤늦게 알게 되었다. 1987년 《울산문학》지에 이 시인의 시가 특집으로 묶여지고, 1989년 《현대문학》 12월 호에는 유고 특집으로 '백령도' 외 6편의 시가 수록되기도 했다. 장르는 다르지만 같은 문학의 길을 걷고 있는 나는 고인이 된 사돈의 분신 같은 유고 시집 《겨울철쭉》을 선물 받은 뒤 보물처럼 아끼며 손때를 묻히고 있다.

걸어갈 수 있는 것은 모두 다
아침에 아내를 따라 걸어 나가고

갈 수 없는 것

담쟁이넝쿨 같은 것
호박넝쿨 같은 것
철 늦은 옷가지처럼 물러선 가을의 방 가운데
걸리는데

나는 당신을 가두어 놓지 않았으니
마음대로 걸어 다니세요 하는
여자의 소리
....

〈누워서〉에서

사돈의 처절한 삶을 가장 절실하게 느낄 수 있는 구절이다. 이 시를 받아쓰면서 부인 최순자 여사는 얼마나 마음이 아프고 슬펐을까?

전신을 쓰지 못하는 중병으로 28년간을 앓아온 남편을 지극정성으로 보살피며 가장으로 살아온 부인 최순자 여사의 삶도 파란만장했다. 손발을 쓰지 못하는 남편의 식사를 챙기고 화장품 행상을 하며 학비를 보태 큰딸을 제외한 4남매를 모두 대학까지 공부시킨 위대한 어머니이기도 했다.

4대 독자에게 딸을 시집보내는 나는 걱정거리가 하나

있었다. 만약 딸이 아들을 낳지 못하면 사돈 가문의 대가 끊어질 것이란 염려였다. 아들 못 낳는 것이 의학적으로 딸의 부모에게 무슨 잘못이 있을까만 도의적인 책임을 느끼기 때문이다. 딸의 첫아기 임신 소식이 있을 때부터 순산을 할 때까지 마음을 졸였다. 지하의 할아버지 덕택인지 다행히도 아들을 순산해 양가의 경사가 되었다.

1남 4녀의 혼사까지 모두 마무리 지은 사부인 최 여사는 지병으로 일 년 가까이 투병하다 2000년 61세의 나이로 한생을 마감하고 남편 곁으로 떠났다.

5대 독자로 태어난 이기원 시인의 손자는 올해 우수한 성적으로 서울 명문대에 진학했다. 비록 이기원 시인은 불행하게 살다가 짧은 삶을 마감했으나 그 대를 이은 아들과 손자가 뛰어나 조선조 사림 5현의 한 분인 회재 선생 후예답게 가문을 빛내고 국가에 기여도가 높은 인재가 될 것으로 믿어진다.

인생은 짧고 예술은 길다고 했던가. 사경을 헤매면서도 시를 써야 한다는 집념 하나로 불꽃같이 살다간 이기원 시인, 나의 사돈이여! 겨울 철쭉은 오늘도 찬란히 피고 있습니다.

사돈 내외분의 명복을 다시 한 번 빕니다.

(2012. 10.)

장미 그림

인간의 수명은 날로 늘어나 이제 100세 시대가 코앞으로 다가오고 있다. 저출산 고령화 사회를 맞아 국가나 개인이나 이에 대한 대책을 세우기에 부산하다. 건강한 장수는 인류의 소망이지만, "재수 없으면 100살까지 산다."는 농담도 생겨나는 걸 보면 장수만이 능사가 아닌 것이다. 삶의 질이 문제다. 행복하지 못한 노후의 삶은 장수가 오히려 고통일 수도 있다.

급격한 고령화로 인해 행복한 노후 생활에 관심이 높아지자 노후대책에 대한 각종 보험 상품도 개발되어 유혹의 손길을 뻗치고 있다.

최근 통계청 자료에 의하면 우리 국민 60% 이상이 나름대로 노후대책을 세우고 있다고 하나 급격한 노인 인구의 증가에 따른 국가의 복지정책이 어느 정도 보장이 될지 불안하기만 하다.

사람마다 차이는 있겠지만 우리의 실정에 맞는 행복한 노후생활은 경제적인 안정으로 우선 건강해야 하고 무료하지 않을 일과 친구가 있어야 하며 취미가 있어야 한다.

특수한 예이긴 하지만 일본의 100세 할머니 시인 시바타 도요는 원래 취미는 무용이었으나 고령으로 허리가 아파 더 이상 무용을 할 수 없게 되자 외아들의 권유로 92세 때인 2004년부터 시 쓰기 공부를 시작했다고 한다. 5년 뒤인 2009년 10월에 《약해지지 마》란 시집을 출간하여 100만 부가 넘는 판매고를 올려 세계적인 화제의 인물이 되었다. 취미생활이 노후의 건강에 얼마나 큰 도움이 되는지를 증명해주는 실례라 하겠다.

어려운 살림살이에 자식들 돌보느라 오직 한길로만 살아오던 아내가 회갑도 지난 나이에 동양화 그리는 공부를 시작했다. 남편으로부터 '사랑한다.'는 말 한마디와 장미 꽃 한 다발을 선물로 받는 것이 평생소원이라 했지만 나는 아직 그 소원을 들어주지 못하고 있다. 쉽고도 간단하지만 요즘 젊은이들처럼 짹짹거리는 참새가 되고 싶지 않아서이다.

장미에 한이 있어서인지 집사람은 문인화 가운데 장미를 유난히 즐겨 그리더니 어느 날 지역 문인화 공모전에서 특선했다며 자랑을 했다. 그 후 여러 차례 수상을 하더니 지난해에는 전국서예대전에서 특선했는데 그 그림도 장미였다. 그렇게도 원하던 장미 꽃다발을 여태 사주지 못한 것이 죄스럽기도 했지만 한편 전화위복이 되었다는 생각에 쾌재를 부르기도 했다. 때로는 한과 충격이 한 인간의 운명을 바꾸는 동기가 되는가? 아내의 모습이 다르게 보였다.

지천명의 나이에 이르자 노후대책에 대해 관심을 가지게 된 나는 이에 대한 정보와 자료를 수집하기 위해 틈틈이 서점을 찾곤 했다. 최근에는 노인학의 필독서로 알려진 일본 소설가 소노 아야꼬(曾野綾子)의 계로록(한국 판《나는 이렇게 나이 들고 싶다》)을 구해 탐독하게 되면서 노후의 삶을 정리하는 데 도움을 얻게 되었다. 고희를 넘긴 나이로 묵향을 사랑하는 집사람에 대한 나의 태도도 사뭇 달라지기 시작했다.

부부가 해로한다는 것은 큰 복이지만 뜻대로 되는 것은 아니다. 노년이 불행한 이유 가운데 으뜸이 짝을 잃고 혼자 살게 되는 것이다. 집사람이 아직 건강하여 병원 신세를 지지 않는 것이 고맙고 시간을 아껴가면서 동양화 그리기에 심취해 묵향에 취해 있는 모습이 아름답게 보인다.

지난해 국전에서 특선을 한 이후 이름이 조금씩 알려지자 장미와 목단 그리기에 더욱 바빠졌다.

개인전을 열 생각을 하고 있을 때 울산다문화사랑나눔회에서 초대전 유치 의사를 타진해 왔다. 집사람의 의견에 따라 응하기로 하고 준비를 서둘렀다. 다문화가정에 각별한 관심을 가지고 있는 아내와 나는 소외된 이웃인 다문화가족을 도울 수 있는 좋은 기회라 생각하고 문인화 초대전을 추진, 드디어 지난 12월 4일간의 개인 전시회를 열었다.

예로부터 마누라 자랑하면 팔불출에 속한다고 했지만, 자신의 취미생활이 노후의 행복을 보장한다며 고희를 넘긴 나이지만 오늘도 화선지를 옆에 놓고 먹을 가는 아내, 그 모습이 고와 자랑하고 싶으니 팔불출이 되어도 어쩔 수가 없나 보다.

흔적

아침 산책길에 가끔 달팽이를 만난다. 끈적끈적한 점액질로 아스팔트 위에 길을 만들며 느릿하게 기어가는 달팽이를 보면 그의 여유로운 삶에 부러움을 느낀다. 치열한 경쟁사회에서 뛰어다녀도 살기 어려운 것이 우리의 삶인데 어쩌면 저처럼 느려도 천적을 피하고 배불리 먹으며 종족을 퍼뜨리고 살아갈 수 있을까. 산책로를 기어가다 사람의 발에 밟혀 형체 없이 망가져도 점액질의 흔적으로 달팽이의 사체임을 바로 알 수가 있다.

동물들의 흔적 남기기는 강자에겐 종족보존과 같은 생존 본능이지만 약자에겐 생사가 달린 위험이다. 사자, 호랑이, 개 같은 동물은 영역 표시를 위해 오줌으로 경계 표시를 하며 으스대지만 연약한 새 무리는 천적으로부터 포식을 피하기 위해 새끼의 분비물마저 깨끗이 청소한다.

인간은 각양각색의 흔적을 남기며 살아가지만 흔적 남기기를 자랑스러워하는 사람과 한사코 기피하는 사람이 있다. 한세상 살다 간 사람의 흔적으로 위인이냐 졸부냐, 영웅이냐 속물이냐, 애국자냐 매국노냐 등을 판단하는 잣대가 되기에 후세 사람들은 이를 중요하게 여긴다.

중국 당나라 때 왕장언의 좌우명 '표사유피 인사유명'이라는 고사성어가 아니더라도 대부분의 사람은 사후에 이름이 남겨지기를 원한다. 인류를 위해 공적이 많거나, 역경을 뚫고 성공적인 삶을 살았다고 생각하는 사람이라면 그 발자취를 굳이 숨기려 할 이유가 없을 것이다. 자서전을 쓰겠다는 사람 가운데는 평범한 일생을 산 사람보다는 고난과 역경을 극복하며 질곡의 삶을 살아온 분이 대부분이다. 공원묘지의 수많은 무덤도 나름대로 한세상 살다 간 흔적인 것을.

칠전팔기의 역경을 딛고 사업에 성공하여 기부천사로 이름이 알려진 강 모 회장은 고희를 넘기면서 건강이 나빠지자 자식들에게 부담을 주지 않기 위함인지 자신의 묘지를 마련하더니 어느 날 비문을 부탁해 왔다. 얼마나 한 맺힌 삶을 살았기에 그 흔적을 비문에 새겨 후세들에게 교훈으로 남기려 할까 싶어 굴곡의 삶을 살아온 강 회장의 발자취를 정리해 보았다.

베트남 전쟁에 참여하여 세 번이나 죽음의 고비를 넘겼다. 제대 후 고향에서 사업을 시작했으나 실패하여 가족의 생계마저 막연해졌다. 일자리를 구하려고 혈연, 지연, 학연, 군연 등 아는 사람들을 찾아 다녔으나 헛수고만 거듭되었다. 실망과 좌절이 쌓여갔다. 결국 삶을 포기하기로 작정하고 기차 선로를 베고 눕기에 이르렀다. 멀리서 기적 소리가 들리는가 했더니 달려오는 기차의 진동이 머리로 전달돼 왔다. 그 순간 정신이 번쩍 들면서 죽지 않으면 안 될까 하는 생각이 전광석화같이 스쳐 갔다. 바로 선로에서 머리를 떼자 폭풍 같은 바람을 일으키며 기차가 지나쳐 갔다.

정신을 가다듬고 집으로 돌아온 그는 이틀을 꼬박 방에 누워 살 방법을 궁리했다. 그때부터 공사판 막노동, 신문 배달, 생선 운반 등 대우와 관계없이 닥치는 대로 노동을 팔았다. 그야말로 도둑질을 빼고는 안 해 본 일이 없었다.

절체절명의 위기를 극복한 그에게 천우신조의 기회가 왔다. 건설현장에서 막노동 할 때의 인연으로 건설업에 손을 대어 구사일생으로 사업을 일으켰다.

언제나 처지를 바꿔 생각하는 역지사지의 인생을 살아온 강 회장, 어렵게 번 돈으로 불우한 이웃을 도우며 살아온 발자취가 크고 아름답다. 빈손으로 왔다가 빈손으로 가는 것이 인생살이라며 기업 이윤을 사회에 환원하겠다는 신념이 확고했다. 행여나 악행의 흔적이 남을까 전전긍긍하는 무리들이 우글대는 세상에 달팽이처럼 당당하게 흔적을 남기려는 강 회장의 주름진 얼굴이 둥근 보름달같이 훤해 보였다.

가을의 길목에서

무더위는 아직 기승을 부리지만 계절은 이미 가을의 문턱을 넘어섰다. 들판의 벼도 영글고 있어 단풍이 지는 조락의 계절을 예고하고 있다. 오곡이 풍성한 가을은 결혼의 계절이기도 하다. 불경기여서 혼사를 앞둔 가정의 한숨 소리가 들리는 듯하다. 허례허식인 줄 알면서도 남의 눈을 의식하지 않을 수 없고 과도한 결혼비용을 지출해서라도 체면 유지를 해야 하는 부담 때문이다. 서구문화의 영향으로 우리의 전통혼례 의식도 골동품이 된 지 오래다.

중유럽의 대표적인 민주국가 스위스에서 거행되는 결혼식에 참석할 기회가 있었다. 연간 국민 소득 5만 달러에 달하는 부유한 국가의 중산층 결혼식이 너무나 검소하고 실용적인 데 놀라지 않을 수 없었다.

취리히에서 기차로 2시간 거리인 델레몬 시의 시청에 마련된 결혼식장에서는 신랑 신부와 각 측의 증인 한 명, 양가 직계 가족과 친지 등 30여 명이 참석한 가운데 엄숙하고 조촐한 결혼식이 거행되었다.

스위스 출신 신랑(이브 32세)은 독일에 유학, 공학을 전공하여 초정밀 기계설계사로 활동 중인 엘리트였으며 한국 출신 신부(한승희 34세)는 독일에서 건축공학을 전공한 유능한 설계사였다.

결혼식장의 신부는 화려한 드레스 대신 평상복이었고, 신랑 역시 평범한 신사복 차림이었다. 한 번 입고 방치할 결혼드레스를 많은 비용을 들여 준비할 필요가 없다고 했다. 한국에서처럼 많은 시간과 경비를 들여 고궁이나 절경을 찾아다니며 미리 찍는 결혼사진이 왜 필요하냐고 반문하기도 했다.

정각 오전 11시가 되자 시청 공무원 3명이 배석하여 신랑 신부와 증인을 확인하고 결혼의 법적인 의미와 스위스의 가족법, 재산법, 자녀 양육권 등에 관해 독일어와 프랑스어로 20분간 설명했다. 이어 신랑 신부와 증인의 서명, 입회 공무원의 확인 서명 순으로 35분에 걸친 결혼식은 모두 끝이 났다.

이어 신랑 신부 측은 참석한 하객들을 초청, 별도로 마련된 연회장에서 피로연을 베풀었는데 포도주와 빵 등을 준비한 조촐한 오찬이었다. 조용하고 엄숙한 분위기에서 모두가 신랑 신부의 결혼을 축하하는 인사로 시간을 보내었다. 오후 4시가 넘자 하객들은 하나둘 자리를 떠났으며 결혼식은 모두 마무리되었다.

피로연이 끝난 뒤 시간의 여유가 있어 델레몬 시청을 둘러봤다. 오전에 결혼식을 올린 예식장은 별도로 꾸며진 식장이 아니고 평소 민원인들이 이용하는 민원실에 불과했다. 지방의 작은 도시이긴 하지만 시市라는 관공서인데 규모와 시설이 초라하여 관청의 냄새가 나지 않았다. 우리나라의 구청 산하 주민센터(전 동사무소) 시설 정도에 불과

했다. 위용을 자랑하는 우리의 화려한 관공서 건물이 자랑거리인지 부끄러워해야 할 문제인지 생각이 깊어졌다. 공무원 신분의 권위의식이라곤 찾아볼 수도 없고 오직 시민의 봉사자로서 책임감으로 일하는 공복들의 자세가 오늘의 스위스를 만든 것 같았다.

스위스는 시계와 정밀기계공업기술이 세계 첨단을 달리지만 눈 덮인 높은 바위산을 세계 최대의 관광지로 개발하여 천국을 만든 나라이며 일인당 국민소득으로는 세계에서 가장 부유한 나라이다. 관청 건물의 규모와 시설은 왜소하고 보잘것없는 반면 시민들의 주택과 아파트는 화려했다. 단독주택에는 주차장 시설이 필수여서 길거리에 무질서한 차량의 주차를 볼 수가 없었다. 경찰관도 없는 거리의 차량운행 질서 하나만 보더라도 선진국이라는 인상이 강하게 각인되었다.

그 나라 국민들의 결혼식이 다 같은 수준은 아니나 서민 대부분의 결혼식은 이들과 유사하다고 했다. 연간 국민소득 5만 달러에 이르는 스위스, 고소득 국민의 허례허식이 없는 검소한 결혼식을 지켜보면서 느끼는 바가 한두 가지가 아니었다. 결혼의 계절, 깊어가는 가을의 길목에서 우리의 처지를 한 번 생각해 보고 싶다.

모두가 글로벌화 되어가는 시대에 밀려오는 외래문화를 수용하지 않을 수는 없다. 버려야 할 문화유산인지 알면서도 함부로 버리지 못하는 것이 현실이며 정서와 체질에 어울리는 올바른 문화로 쉬이 수용되지 못하는 것이 아쉽다.

장미의 계절

계절의 여왕 5월이 화려한 장미꽃을 앞세우고 싱그러운 녹음과 더불어 세월의 수레를 타고 등장했다. 5월은 가정의 달이면서 어린이날, 어버이날, 스승의 날, 성년의 날 등 숱한 기념일을 가지고 있다.

한 해 동안 우리가 기념해야 할 많은 날이 있지만 무엇보다도 간과해서는 안 되는 날이 어버이날이요, 스승의 날이요, 어린이날이다. 특히 어린이날은 장차 이 나라를 이끌고 나갈 일꾼인 어린이들을 잘 보호하고 키우기 위해 다시 한 번 각성하는 기회로 삼자는 중대한 의미가 있는 날이기도 하다.

어린이는 좋은 환경 속에서 굶주리지 않고 건강하고, 씩씩하게 자랄 권리가 있으며, 오염되지 않는 교육환경 속에서 정상적인 교육을 받아 정의롭고 성실하게 살아갈 권리도 있다. 그런데 요즘의 사회교육환경이 정상을 벗어나 장래를 걱정하는 사람이 한둘이 아니다. 조령모개 식의 교육제도는 교육이민을 부채질하여 많은 사람이 조국을 떠나고 있는 실정이다.

"교육자가 정부의 교육정책을 신뢰하지 않고 자긍심이나 소명의식 없이 교단에 섰을 때나 학생과 학부모가 선생을 존경하지 않고 지식을 사고파는 단순한 경제논리의 수요자와 공급자 관계로 인식될 때 인간교육은 실패한다."라고 일찍이 인도의 선각자 마하트마 간디가 말하지 않았던가.

이것이 바로 오늘날 우리 교육의 현실이다. 입시지옥은 과다한 사교육비를 지출하게 하여 비윤리적인 가정을 양산하고 있으며 사회를 병들게 한 지 오래다.

학교 교육의 실체는 더욱 우리를 놀라게 하고 있다. 학교 주위 환경은 유흥비를 마련하기 위한 청소년들의 비행이 날로 늘게 하고, 학교 안팎에서 일어나고 있는 남녀 학생 깡패들의 악랄한 폭력사건과 시장에서 불티나게 팔리는 청소년 대상 퇴폐적인 포르노 문화는 이 사회 구석구석의 청소년들을 병들게 하고 있다.

요즘 일부 학교에서는 교사들이 교내외에서 학생 개별 지도는 이미 포기하고 극히 사무적인 지도로 일관한다는 소식도 우리를 불안하게 한다. 하기야 무턱대고 교육 당국과 학생들만 나무랄 수는 없는 일이다.

사회가 온통 '개판 일 분 전'이다. 청와대는 우리나라의 얼굴이요, 정치 경제 사회 교육 문화의 심장부요, 최고의 석학과 지도자가 모여 국사를 논하는 곳이다. 요즘 신문과 방송의 중요기사를 보면 온갖 게이트로 인하여 불법과 부정의 온상 같은 인상을 주고 있으니 세상이 어찌 돌아가는지 알 수가 없다.

장미는 피어 이 골목 저 골목의 담장을 화려하게 장식하고 있는데 희망의 달 5월은 절망의 늪으로 빠져들고 있다.

진저리나고 지겨운 게이트 소식은 이제 종지부를 찍고 청소년들에게 희망을 줄 수 있는 산소 같은 소식이 전해지기를 고대해 본다.

(2008. 5.)

제 4 부

듣고 싶은 소리

태화강 왜가리

겨울철 태화강 하류는 철새의 천국이다. 오리 종류와 갈매기가 주류를 이루지만 기러기 떼도 한 자리를 차지한다. 여름 철새인 왜가리와 백로도 끼여 그 수는 수천 마리에 이른다. 먹이를 찾아 무리를 지어 유영하는 모습이 평화의 천국을 만든다. 기러기의 착륙하는 모습과 오리 떼의 이륙하는 모습은 신비의 묘기를 연출해 산책객들의 발걸음을 멈추게 한다.

새벽의 어둠을 헤치며 태화강변을 산책한 지 10년의 세월이 흘렀다. 허리 디스크 치료에 걷는 것이 약이라는 의사의 권유로 아침 산책을 시작했다. 새벽 강변을 산책하는 사람의 수가 날로 늘어나고 있다. 요즘은 산책로도 잘 만들어져 있지만 건강에 대한 관심도도 높아져 길이 비좁을 만큼 붐빈다.

긴 세월 동안 나의 강변 산책은 계절 불문, 기후 불문하고 이루어진다. 추위엔 방한모와 마스크로 무장하고, 비가 오면 우산 하나로 무장한다. 나의 하루 일과 중 아침 산책은 최우선 순위요 필수다. 학창 시절에 공부를 요즘의 강변 산책처럼 열성으로 했더라면 대학자가 되고도 남았겠다는 집사람의 빈정댐도 아랑곳하지않는다.

사계절 중에서 겨울 산책을 제일 좋아한다. 수천 마리씩 몰려드는 철새들 때문이다. 가을이 깊어 강변의 갈대와 억새가 겨울 채비를 할 즈음이면 오리 떼가 종류별로 몰려들기 시작한다. 검둥오리를 선두로 청둥오리, 검은머리흰죽지, 가창오리, 기러기 등 6-7종류 수천 마리가 텃새인 갈매기들과 어울려 장관을 이룬다. 이들은 깃털이 같은 종족끼리 수십, 수백 마리씩 무리를 지어 유유자적 유영을 즐기지만 강변의 바위나 전봇대에서 고독을 씹고 혼자 서 있는 외로운 새가 있어 나의 눈길을 사로잡는다. 여름 철새인 왜가리다. 태화강 하류에서 관찰되는 왜가리는 10여 마리에 이르지만, 언제 보아도 짝도 없이 나 홀로의 모습이다.

여름 철새인 왜가리가 언제부터 고향을 잃고 나그네가 되어 텃새로 살고 있는지는 알 수 없으나 10여 년 전부터 산책길의 나를 반갑다는 인사도 없이 지켜보고만 있다. 때로는 먼 곳에서, 때로는 가까운 산책길 옆 전주에 서서 긴 목을 빼고 우두커니 1시간 이상을 움직임 없이 서 있기 일쑤다. 떠나버린 짝을 기다리는지 두고 온 고향, 그 향수에 젖어 있는지는 알 수 없으나 언제나 고뇌에 찬, 깊은 상념에 젖은 슬픈 모습이다. 지구의 온난화에 의한 생태계의 변화가 그들에게도 삶의 터전을 잃게 하고 귀소본능마저 망각하게 했나 보다. 고향을 잃은 철새가 어찌 너뿐이랴! 중대백로와 물닭, 뻐꾸기, 물총새, 청둥오리, 민물가마우지, 흰날개해오라기, 댕기물떼새 등도 고향을 잃어가고 있다. 우리나라에 봄소식을 제일 먼저 전하던 제비까지도 고향을 잃고 텃새가 되어간다.

지구 온난화로 인한 생태계 변화는 바다 어종에도 예외는 아니다. 겨울철 우리나라 동해안에서 많이 잡히던 오징어와 명태, 청어 등 한류성 어종이 희귀현상을 보이고 꽃게 등 난류성 어종이 몰려오고 있다.

세계는 지금 날로 증가하는 자연재해로 생존의 위기를 맞고 있다. 예기치 않던 대지진과 홍수로 수많은 인명과 막대한 재산 피해가 속출해 세상을 놀라게 하고 있지 않은가. 석유 채굴과 산림의 무차별 벌목 등 자연 파괴로 유발되는 환경오염이 그 주범으로 지목되기도 한다.

온실가스 농도 증가에 의한 지구온난화는 이제 전 인류가 생존을 위해 공동으로 해결해야 하는 최대의 과제다. 지구온난화로 인한 자연재해의 끝은 어디쯤일까?

계절도 고향도 잃은 여름 철새 왜가리의 고뇌는 끝없이 자연을 파괴하는 인간에게 환경오염을 중단하라는 메시지를 던지는 것 같다. 오늘도 태화강의 왜가리는 긴 목을 빼 하늘을 쳐다보고 깊은 사념에 빠져 있다.

누룽지

쌀이 푸대접받는 세상이다. 흥청망청 먹고 마시고 과소비해도 남아도는 것이 쌀이니 귀빈 대접을 받을 수 없다. 불과 40여 년 전만 해도 봄이면 보릿고개로 식량난을 겪었는데, 쌀이 남아돌아 처리마저 곤란하다니 격세지감을 느끼지 않을 수 없다.

식량난으로 먹고살기가 어려웠을 때 재산 가치의 대표적인 척도가 쌀이었다. 쌀만 있으면 부러울 것이 없었다. 천석꾼, 만석꾼이 최고의 부호요 귀족이었다. 지금은 서민도 옛 만석꾼 부럽지 않게 잘 먹고 산다.

2014년 기준 세계인구 57억 명 가운데 7억 명이 기아 상태이고 15억 명이 영양실조로 고통을 받고 있다는 통계가 있는가 하면 이웃 북한 동포 가운데 5세 미만 어린이 3명 중 1명은 영양실조로 고통을 당하며 심각한 식량난에 허덕이고 있다는 것이다. 우리는 반세기 전 올챙이 시절의 굶주림을 까맣게 잊고 격양가를 부르고 있다. 이래도 괜찮은 것인지 마음이 놓이지 않는다.

현대사회가 산업화되면서 외식문화가 발달함에 따라 개인이나 단체의 회식 기회가 잦아졌다. 특히 한식 식당에서 정식을 먹게 되면 열 가지 이상의 반찬이 차려진다. 고급 식당의 경우 서른 가지 이상의 요리가 차례로 나온다. 아무리 대식가라 해도 절반을 먹기가 어렵다. 나머지는 모두 음식쓰레기로 버려야 한다. 우리나라의 경우 음식쓰레기 처리 비용이 연간 15조 원에서 18조 원에 이른다고 한다. 이와 같은 처리 비용은 아프리카의 가봉이나 우간다, 잠비아 같은 나라의 전 국민이 일 년간 배불리 먹고도 남을 돈이다.

요즘 농촌 지역에서는 벼농사 수확 수지가 안 맞아 예

로부터 자손대대로 애지중지해오던 문전옥답마저 경작을 포기하고 공장부지로 매각하거나 다른 용도로 사용하는 경우를 쉽게 볼 수 있다. 이런 현장을 볼 때마다 신의 저주라도 받지나 않을까 하는 불안을 느낀다.

현재 세계 30억 인구가 쌀을 주식으로 삼고 있으며 특히 우리 민족에게 쌀은 음식문화를 대표하는 곡물로써 생명을 지탱해 주는 수호신 같은 존재였다. 핵무기나 자동차, 가전제품 등은 없어도 살지만 쌀 없이는 하루도 버티기 힘든 것이 현실이다.

그토록 중요한 쌀, 그 쌀로 만든 쌀밥이 언제부턴가 비만과 당뇨병 발생 원인이란 오해로 확산되어 쌀 소비가 줄고 재고가 누적되는가 하면 수입개방 등의 문제로 쌀의 가치가 추락하고 있다. 경작지도 줄고 농사지을 사람도 줄어드는데 쌀은 남아돈다니 다행한 일인지 불행한 일인지 알 수 없으나, 쌀 소비가 줄자 이를 극복하기 위한 궁여지책으로 신품종의 쌀이 개발되고 있다.

최근 '키 크는 쌀' '다이어트 쌀' '고영양 쌀' '뇌활성 쌀'

등 다양한 기능성 쌀이 출시돼 화제가 되고 있다. 농업진흥청 당국은 쌀의 영양학적 기능성과 신개발 쌀에 들어 있는 항산화 성분의 약효 등에 대한 가치를 재조명하는 데 심혈을 기울이고 있다. 늘려야 할 쌀의 소비 대책이 절박하기 때문이다. 풍년이 들수록 남아돌 쌀 걱정이 태산 같다니, 아! 하늘이여 이 일을 어찌하면 좋을까.

식량이 부족하여 어렵게 살던 유년 시절엔 쌀의 가치는 절대적이었다. 청운의 꿈을 가꾸던 청소년들에게 소원이 무엇이냐고 물으면 쌀밥을 배불리 먹어보는 것이라 했다. 얼마나 쌀이 귀했으면 밥상에 밥알 하나라도 함부로 버리면 천벌을 받는다고 어른들이 야단을 쳤을까? 밥알 하나라도 남기지 않으려 밥그릇에 숭늉이나 물을 부어 마시는 나의 습관이 그때부터 생기지 않았나 싶다.

지금도 누룽지나 숭늉을 유난히 좋아한다. 어머니가 긁어 주시던 가마솥의 누룽지는 최고의 과자였으며 숭늉의 구수한 맛은 평생 잊을 수가 없다. 누룽지와 숭늉은 밥을 푸고 남은 찌꺼기 음식이지만 구수한 맛과 향기 때문에 음식쓰레기 반열에서 구제되는 특혜를 받는다.

예나 지금이나 누룽지의 맛은 변함이 없다. 특유의 고소한 맛을 즐겨왔는데 뒤늦게 알고 보니 그 효능이 대단하다. 누룽지와 숭늉을 즐겨 먹는 것은 우리 조상들의 놀라운 지혜다. 《동의보감》에는 누룽지를 취건반炊乾飯이라 하여 소화불량을 치료하는 약으로 쓰였음도 밝히고 있다. 누룽지는 몸속의 중금속과 독소를 흡착 분해하는 해독제이며 영양제일 뿐만 아니라 면역강화제의 역할까지 하는 최고의 음식이다. 최근 쌀밥이 비만과 당뇨병의 발생요인이라고 기피하는 경향이 있는데 식자우환의 결과가 아닌지 살펴볼 일이다.

이런 의학 지식을 알고 누룽지를 즐겨 먹어온 것은 아니다. 누룽지에 남다른 애착을 가지고 있어 지탄의 소리를 가끔 듣는다. 어른들로부터 쌀 한 톨이라도 함부로 취급하지 말고 귀히 여기라는 가르침에 길들여진 탓인지 외식하는 식탁에 어쩌다 남은 밥이 있으면 봉투를 구해 거둬 싸오곤 한다. 처음에는 개 밥 주려고 가져간다고 하다가 요즘은 개도 안 먹는 밥이라 누룽지 만들어 먹는다고 이실직고를 한다.

일행의 곱지 않은 눈총을 받기도 하지만 밥알 하나라도 귀하게 여겨야 한다는 신념이 있기에 남은 밥을 거둬오는 행동이 당당해졌다. 식은 밥을 프라이팬에 올리브유를 붓고 누룽지를 만들어 먹는 행위가 고질처럼 되었다.

역사적으로 숭늉은 식사 후 입가심으로 마시는 우리 민족의 국민 음료였다. 언제부터 우리나라가 커피 공화국이 되고, 다수의 국민들이 숭늉보다 커피를 선호하게 되었는지 안타까움을 금할 수 없다.

목욕탕에 가면

얼굴에 깊은 주름이 늘어감에 따라 목욕탕에 가는 횟수가 늘었다. 집안의 화장실을 겸한 욕실이 비좁아 집에서 가까운 대중탕을 선호한다. 우선 따뜻한 욕탕에 몸을 담그고 있으면 쌓인 피로와 긴장이 몽땅 날아가 버리는 것 같고 어머니 품안 같은 포근한 안도감이 생긴다.

요즘은 대중탕 드나드는 데 걸림돌이 하나 생겼다. 문신을 한 청년들을 자주 만나기 때문이다. 건장한 체격에 호랑이 털 같은 얼룩무늬로 등과 팔목에 문신을 했는데 목욕하는 행동이 일반 욕객과 다르지도 않다. 그럼에도 공연히 위화감이 생겨 얼굴을 쳐다보기도 무섭고 가까이 접근하는 것조차 꺼려지는 것이다. 나만 그렇게 느껴지는 것만은 아닌 것 같다. 일본을 여행할 때 가끔 대중탕 입구에 '문신자 출입금지'란 표어를 본다. 일본은 우리보다 개방적인데도 문신을 금기시하는 경향이 있음을 알 수 있었다.

피부에 상처를 만들어 색소를 넣는 문신의 역사는 고대 원시시대부터라고 하는데 우리나라의 경우 삼한 시대부터 조상들이 문신을 했다는 기록이 있다. 문신하면 짐승으로부터 해침을 당하지 않는다고 고대 역사서 〈위지 동이전〉에 전해지고 있다. 고려 시대에는 절도 전과자를 오른 팔뚝에 도둑놈 '盜' 자를 문신하는 등 형벌수단으로 널리 쓰였고, 도망쳤다 잡혀 온 노비의 팔뚝이나 얼굴에 문신을 해서 도망치지 못하게 할 수단으로 사용하기도 했다는 것이다.

근대에는 의형제나 의자매를 맺기 위해 서로의 팔뚝에 문신을 하는 것이 유행이기도 했다.

1960년대 중반 월남전 때에는 파월 군인들 가운데 맹호부대원은 호랑이를, 청룡부대는 용을 문신하고 십자성부대는 야자수를 문신하여 소속을 구별하고 용맹을 과시하는 수단으로 삼기도 했다.

근년에 들어 여자들의 눈썹 문신을 시작으로 미용 문신이 성행하더니 최근 들어 주름살 제거 수술, 유방확대 수술, 모발이식 등이 성행하여 성형외과 의사들이 각광을 받고 있다. 우리나라의 성형외과는 지난 1960년대 미국에서 성형외과를 정식으로 이수한 연세대학교 의과대학의 유재덕 교수가 한국 최초로 세브란스 병원에 의과에서 분리된 성형의학과 교실을 만든 것이 모태라고 하며 90년대에 들어와서 미용성형학회가 생겨 현재 600여 명의 전문의가 활동하고 있는 것으로 알려지고 있다.

세계 1차 대전 후 상이용사의 상처를 치료하기 위해 외과 의사들에 의해 개발된 성형수술이 이제는 얼굴 등 외모를 개선하는 미용술로 발전되어 의료계에 황금알을 낳는 거위로 부상하고 있다.

의학의 성형 분야도 다양하다. 문신은 단순한 미용술 규모를 넘어 예술적인 경지를 개척하고 있음인지 남녀의 구별 없이 화려하게 문신한 나체가 등장하고 있다. 이는 요즘 텔레비전에서 중계하는 운동경기 화면으로 쉽게 볼 수 있다. 격렬한 격투기 같은 경기에서 선수들의 문신은 용맹과 잔인의 상징으로 상대를 선제공격하고 위압하려는 작전 의도를 노린 것 같다.

예로부터 우리의 민속 가운데 투견과 투계가 있었다. 지금은 동물보호법 위반으로 금지돼 있어 피를 흘리며 사생결단으로 싸우는 가축의 경기는 보기 힘들다. 요즘 인기가 있는 종합격투기 경기를 보면 개싸움 못지않게 잔인하고 격렬하다. 5분간의 경기를 3회전 또는 5회전까지 하는데 패자가 피범벅이 되고 의식을 잃을 지경이 돼야 승부가 결정된다. 이제 그 옛날 인기가 있었던 권투경기나 프로레슬링 같은 경기는 맹물 같아 인기의 뒤안길로 사라지고 있다. 인간의 속성이 얼마나 잔인한지 짐작이 간다.

스페인의 상징인 투우 경기도 투우사가 소의 몸에 창을 꽂아 유혈이 낭자하고 최후에는 쓰러진 소의 목에서 쏟아져 나오는 피를 확인하면서 관중의 환호 속에 막이 내린다. 잔인함의 극치다.

투우는 스페인의 오랜 전통 민속이다. 이 민속도 동물보호단체 반대로 명맥만 유지될 뿐 서서히 사양화되어 가고 일부 도시에는 이미 금지되었다고 한다. 최근 케이블 방송에서 중계되는 프로그램 가운데 유혈이 낭자한 종합격투기 경기를 즐겨 보면서 나도 잔인한 속물의 범주를 벗어나지 못하고 있지나 않은지 자문해 본다.

운동선수나 폭력배들이 용맹과 잔인의 상징으로 시술하던 문신은 이제 유행병처럼 번지고 있다. 아침 목욕탕에서 만나는 문신한 젊은이들이 늘어나고 그들을 만나는 횟수도 늘고 있다. 잔인하고 거칠고 우람한 남자를 좋아하는 여자들이 많아서일까? 공연한 궁금증을 가져본다.

요즘 세계 격투기 경기의 우상으로 떠오른 우리나라 이종격투기 선수 최두호의 경기 모습에 매료돼 있다. 문신이 없어도 강하고 아름답고 용맹스러운 선수다. 올해 미국경제지 포보스가 뽑은 떠오르는 스타 10명 중에 든 최 선수, 맑고 뽀얀 피부에 얼굴도 미남으로 깨끗한 모습이 참 아름답다.

산부인과와 소아과 한방 병원 등엔 환자가 줄고 있는데 반해 성형외과에는 환자 아닌 시술 손님들이 몰린다. 특히 방학을 이용하여 여학생 손님이 만원을 이룬다니 이 시대의 새로운 풍속도가 아닐까. 순혈주의와 신토불이, 자연산을 외치던 목소리가 외롭다.

운동선수나 폭력배들이 용맹과 잔인의 상징으로 시술하던 문신은 이제 유행병처럼 번지고 있다. 아침 목욕탕에서 만나는 문신한 젊은이들이 늘어나고 그들을 만나는 횟수도 늘고 있다. 문신은 아무나 하는 것이 아니었다. 예로부터 우리 선조들은 '신체발부는 수지부모身體髮膚는 受持父母'라 하여 함부로 몸을 손상하지 말라 하였다.

잔인한 종합격투기 선수 최두호의 아름다운 모습이 아른거리는 밤이다.

절망의 터널

세상에 생명만큼 귀한 것이 또 있을까? 동물이 가지고 있는 가장 큰 본능의 하나인 생존을 스스로 포기하는 자살이 유행하고 있어 사회적인 문제가 되고 있다. 심신의 고통을 참지 못해 삶을 포기하는 한 개인의 죽음은 유가족에게 슬픔을 주지만 숭고한 사랑이나 명예 때문에 스스로 생명을 내던지는 유명인의 자살은 많은 사람에게 충격을 주며 그 파장과 여운이 길다.

독일의 문호 괴테가 1774년에 발표한 소설 〈젊은 베르테르의 슬픔〉에서 남자 주인공 베르테르는 여자 주인공 롯데를 열렬히 사랑하지만 끝내 사랑을 이루지 못해 자살하고 만다. 이 소설이 유명해지자 당시 유럽 여러 나라의 청년 수백 명이 베르테르의 삶을 동경하여 자살을 했다고 전해진다.

유명인의 자살이 있은 후 모방 자살 현상이 잇따라 일어나는 현상을 미국의 심리학자 데이비드 필립스가 베르테르의 효과라고 했다. 최근 우리나라에서도 유명 연예인의 자살이 잇따르자 베르테르의 효과로 인한 자살이 급증하여 충격을 주고 있다. 최근 우리나라의 자살률은 OECD 국가 중에서 1위라고 한다. 어디 1등 할 것이 없어 자살로 1위를 하는지 한심한 노릇이다. 자살률이 높아진다는 것은 사회가 병들어 간다는 증거이다.

농경사회 시절에는 자살이 흔하지 않았다. 어쩌다 사랑을 이루지 못한 청춘남녀의 정사 사건이나 명예와 자존심 때문에 스스로 목숨을 끊은 사건이 있었다. 우리는 탄생과 죽음에 대한 소식을 수없이 접하면서 살아간다. 가끔 부음을 듣게 되면 이유 없는 죽음이 없기에 "왜?" 하고 궁금하여 묻기 일쑤이다.

노환으로, 불치의 병환으로, 교통사고로 사망했다는 것보다 자살했다는 부음은 충격과 놀라움과 궁금증을 배가시킨다. 사망자가 유명인일 경우 더욱 경탄을 금치 못한다.

나는 청년 시절 문학 동호인이며 같은 방송인이던 시인 김민부의 자살 사건 이후 작가들의 자살에 대해 각별한 관심을 가지게 되었다. 31세로 요절한 천재 시인 김민부, 그는 갔어도 그가 남긴 시 〈기다리는 마음〉은 장일남의 작곡으로 널리 불리고 있다. 한국 서정시의 최고봉으로 추앙받고 있는 민족시인 김소월은 33세의 나이로 음독자살한 것으로 전해진다. 〈설국〉이란 소설로 일본 최초의 노벨문학상 수상 작가가 된 가와바타 야스나리도 노벨상을 수상한 지 4년 뒤에 자살했다. 〈노인과 바다〉란 소설로 노벨문학상을 받은 헤밍웨이도 62세의 나이에 권총 자살로 생을 마감했으며 영국의 소설가 버지니아 울프도 62세에 투신자살한 작가이다.

개똥밭에 굴러도 저승보다 이승이 낫다고 했는데 불후

의 문학작품을 써 명예와 부까지 갖춘 이들이 왜 죽음을 자청했을까? 죽은 자는 말이 없으니 확실한 이유를 알 길이 없다. 산 자에게 슬픔과 고통만을 남겨 놓았다.

몇 년 전 가을 일본 니가타新潟로 여행할 기회가 있었다. 가는 길에 궁금하던 가와바타 야스나리의 소설 〈설국〉의 무대인 에치고 유자와를 찾았다. 에치고 유지와越後湯澤에 가면 가와바타 야스나리가 〈설국〉을 집필한 여관 '다카한'과 그가 남긴 문학 자료를 만날 수 있으리란 기대가 있었기 때문이다.

이국의 초행길에 목적지를 찾아가기란 쉽지 않았다. 서투른 일본어와 몸동작을 구사하여 천신만고 끝에 신간센 열차로 니가타 현 최남단 온천 유원지인 에치고 유자와에 도착할 수 있었다. 내리자마자 다카한 여관을 찾았으나 가와바타 야스나리가 머물며 〈설국〉을 집필했다는 그 여관은 재개발로 헐리고 그 자리에는 현대식 고층 건물이 서워져 있었다. 그 건물 2층에 야스나리의 기념관이 마련돼 있었고 그 안에 집필실이 재현돼 있었다. 실망을 안고 기념관과 자료실을 둘러보며 몇 장의 홍보용 책자를 챙긴 것이 수확의 전부였다. 그 어디에도 노벨 문학상까지 받은 작가가 왜 스스로 목숨을 끊어야 했는지에 대한 의문점을 알아볼 길이 없었다. 단지 그가 제자인 미시마 유키오의 자살 소식과 늙고 병든 자신의 말년을 비관해 자살한 것이 아닐까 하고 짐작할 뿐이었다.

인도의 간디는 “가난한 것이 문제가 아니라 풍요가 문제다.”라고 했다지만 풍요가 자살을 부르는 것 같다. 경제적으로 후진국에 속하는 네팔이나 스리랑카, 방글라데시 같은 나라의 국민 행복지수는 의외로 높다. 자연과 벗하며 가난하게 사는 이들의 나라에는 자살하는 사람이 거의 없다고 한다. 욕심 없이 소박하게 사는 그들의 삶에 베르테르 효과는 사치일 뿐이다.

자살한 작가들 대부분은 부와 명예 그리고 좋은 환경 등은 갖추었어도 자신의 삶에는 만족을 얻지 못한 것이다. 죽는 자는 오죽해서 최후의 결단을 내릴까마는 죽음은 재촉하지 않아도 쉬이 오는 것인데 한 번만 더 생각해서 ‘자살'을 '살자'로 바꿀 수는 없었는지! 어둡고 긴 절망의 터널을 지나면 밝은 하늘이 나타날 것이란 진리를 몰라서일까?

듣고 싶은 소리

하루라도 소리를 듣지 않고는 살 수 없다. 현대문명의 전자 음향기기가 쏟아내는 인위적인 소리 속에서 하루가 시작되고 또 하루가 저문다. 필요한 소리는 귀를 즐겁게 하지만 필요하지 않은 소리는 소음으로 공해가 된다. 좋든 싫든 갖가지 소리를 들으며 살아야 하는 것이 인생살이다.

도회의 각종 소음으로 식상한 현대인은 틈이 나면 도시를 탈출해 자연의 소리를 만나러 가기 일쑤다. 예로부터 듣기 좋은 소리는 꽃노래라 했으며, 소리를 잘 내는 사람을 소리꾼이라 했다. 옛날의 소리꾼은 판소리나 잡가 따위를 잘하는 사람으로 크게 대접을 받지 못했지만 대중가요를 잘 부르는 요즘의 소리꾼은 가수라 하여 젊은이의 우상이다.

바람소리, 물소리, 새소리, 파도 소리 등 자연의 소리는 아무리 세상이 변해도 영원한 우리의 고향이다. 나는 새소리로 아침이 열리고 물소리로 해가 저물던 농촌을 떠난 지 반세기가 넘었다. 조상이 묻힌 선산과 몇 평의 텃밭 외엔 아무것도 없지만 고향에 대한 그리움을 버리지 못하고 있다.

며칠 전 자연의 소리가 그리워 고향의 농장에 갔다. 어디선가 '구구 구구' 산비둘기의 구슬픈 울음소리가 들렸다. 옛 친구를 만난 듯 반가웠다. 60년 전에 듣던 가사와 곡조도 그대로였다. 그때 부모를 일찍 여읜 미혼의 사촌 누나가 산비둘기의 슬픈 노래 가사를 가르쳐 주었다. "계집 죽고 자식 죽고 나 혼자서 어찌 살꼬!" 하며 울면서 부르는 노래라고 했다. 그 이후부터 산비둘기는 내 마음 깊은 곳에 슬픈 새로 각인되었다.

예로부터 우리는 꾀꼬리가 아름다운 목소리로 노래를

해도 운다고 했다. 뻐꾸기도 울고, 부엉이도 울고, 새벽을 알리는 닭도 운다고 했다. "아침에 우는 새는 배가 고파 울고, 저녁에 우는 새는 임 그리워 운다."라고 노래했다. 따뜻한 봄날 창공을 날며 짝을 찾는 종달새의 지저귐을 노래한다고 하면서도 운다고 한다.

소리는 듣는 이의 감정과 마음가짐에 따라 뜻이 다르다. 우리는 얼마나 슬픈 민족이었기에 예로부터 아름다운 새의 지저귐까지 운다고 표현했을까! 자연의 소리는 모두 아름답다. 여름날 주룩주룩 쏟아지는 소낙비와 함께 천지를 진동하는 벼락인들 아름다운 자연의 소리가 아니랴!

인류의 역사는 소리의 역사다. 소리가 있는 곳에 사건이 있었고, 화제가 있었으며, 변화무쌍한 소리 속에서 역사가 이루어진다. 기계문명의 발달과 더불어 수많은 소리가 만들어지고 있다. 자동차의 소음을 비롯해서 각종 기계의 굉음, 인명 살상용 전쟁 무기의 폭음 등 문명의 이기를 개발하여 행복을 창조하려는 욕망의 피안 저편에서는 심신을 파괴하는 소음들이 암울한 내일을 예고한다.

날로 늘어만 가는 정신질환도 인위적인 소음의 영향임을 부인할 수 없다. 산업현장의 굉음 외에도 직장에서 가정에서 거리에서 들리는 불협화음은 인간의 심신을 멍들게 하고 파멸에까지 이르게 한다. 자연의 소리는 예나 지금이나 마찬가지인데 변화된 시대의 물결 속에 높고 앙칼진 소리만 늘어나고 있어 세상이 어지럽다.

현대화의 물결 속에 높아진 소리, 가정에서는 아이들과 여자의 목소리가, 직장에서는 기업주보다 노조와 하급 직원의 목소리가, 학교에서는 교사보다 학생들의 소리가 높아가고 있다. 정치마당에서 울려나오는 투쟁의 소리도 평범한 소음공해만은 아니다.

끝도 없이 고도만을 지향하는 소리는 메마르고 날카롭고 앙칼지기 마련이어서 다시 듣고 싶은 소리로 남지 않는다.

세월의 변화에 따라 사라진 소리 중에 독수공방 긴 밤 고독을 달래주던 초가집의 낙숫물 소리, 북망산천으로 안내하는 상여꾼의 만가, 행복을 두드리던 다듬이 소리, 만

남의 기쁨과 이별의 슬픔을 알리는 기적 소리, 다정했던 부모님의 목소리 등은 다시 듣고 싶은 소리이다.

신라의 에밀레종 소리는 천년 세월이 흘러도 변하지 않고 우리의 가슴 속에 남아 있다. 삭막한 세상과 산업발전으로 탄생되는 수많은 소음, 소음이 커지면 커질수록 그리워지는 것은 자연의 소리다.

조락의 계절, 가을을 알리는 섬돌 및 귀뚜라미 소리 같은 다정하고 주는 여운이 긴 소리가 아쉽고 그립다.

아름다운 선물

어떤 선물이든 정이 담긴 선물을 받으면 즐겁다. 선물을 주고받는 즐거움이 없다면 세상살이가 얼마나 삭막할까? 중학교에 다닐 때 선배 누나로부터 손수건 한 장을 선물받고 보물처럼 아끼며 호주머니에 넣고 다니던 추억을 간직하고 있다. 이성으로부터 받은 내 생애의 첫 선물이었음인지 그 은은했던 향기는 반세기의 세월이 흘렀어도 가슴에 남아 있다.

요즘같이 삭막한 세상에 정이 묻은 선물을 보내고 받을 데가 있다는 것이 얼마나 행복한가! 명절에 선물 꾸러미를 들고 아이들 손을 잡고 부모를 찾아오는 자식들의 모습이 아름답고 한없이 귀엽다. 이런 즐거움에서 소외된 노부부가 무자식을 비관하며 고독에 시달리다 동반 자살했다는 뉴스도 있지만 이는 각박하고 매정한 세정이 살맛을 앗아 갔기 때문이리라.

이웃끼리도 선물을 주고받으면 정이 더욱 끈끈해지고 깊어진다. 농경사회의 가난했던 시절에는 이웃이 경조사를 당하면 단술이나 묵을 만들어 선물하며 정을 쌓아 갔다. 선물은 서로를 기쁘게 하고 인정의 정표로 주고받을 때 아름다운 것이지 불순한 뜻이 들어 있으며 오물이 된다.

선물을 주고받는 미풍양속도 이제 각박한 세속의 영향으로 변질되어 세상을 혼탁하게 만들고 있다. 선물을 주기도 어렵고 받기도 무서운 세상이다. 선물을 가장한 뇌물이 사회적인 문제를 일으키고 있기 때문이다.

자기의 목적을 이루기 위해 권력자에게 주는 재물이 뇌물이라고 한다. 군림하는 강자와 지배받는 약자가 어울려 살아가는 한 선물의 거래는 필수적이다. 약자는 어련히 강자에게 도움을 받고 살 수밖에 없는 사회 구조 속에서 뇌물은 생존의 도구이다. 인정이 담긴 선물 대신 현금이나 상품권이 각광을 받는 시대로 변모되면서, 그 금액의 과다로써 주는 이의 정과 성의를 측정한다. 서양의 '기브 앤 테이크(give and take)'처럼 유교 사상에 젖어 살아오던 우리의 관습에도 일방통행은 없었다. 그래서 술잔도 주거니 받거니요, 사랑도 주거니 받거니다. 선물도 주거니 받거니요, 사랑도 가는 정 오는 정이지, 가기만 하고 오지 않으면 야속하여 배신이 따를 뿐이다.

대가성이 없는 사랑과 선물이 어디 있으랴! 자식에 대한 부모의 사랑인들 대가 없는 일방 사랑은 아니다. 부모의 사랑을 저버리면 불효가 되고 패륜이 된다. 배우자가 상대의 사랑을 배반하면 가정에 파멸이 온다. 도덕적인 책임과 의무가 숙명적인 혈육 간의 배품에도 기대되는 대가가 있는데 경쟁 사회에서 기대 없는 선심이 있을 수 있을까?

선거철을 앞두고 출세해 보겠다는 후보자들의 발걸음이 바쁘다. 평소에는 봐도 못 본 척 외면하던 그들이지만 어느 날 갑자기 공손해지고 인사성이 밝아져 허리가 휘어지도록 굽히며 손을 내민다. 속이 훤히 내다보이는 소행이지만 그건 범죄행위도 아니며 미워할 수도 없다.

문제는 머리를 굴려 성의를 가장한 선물, 즉 뇌물이다. 목적을 달성하기 위해 수천만 원, 수억 원의 불법 현금을 주었다가 법망에 걸려 사회적인 물의를 일으켰지만, 그 죄를 심판하는 법관들의 행태가 우리를 슬프게 하고 통분케 한다. 불과 기천 원의 선물을 줄 때도 보답의 인사를 기대하는데 수억을 주고도 대가성이 없다고 주장하는 피의자들, 그들이 무슨 기부 천사들이며 절 모르고 시주하는 바보들인가!

불과 기만 원의 촌지를 받은 교사를 교육 비리로 징계를 하면서도, 수억 원을 주고 후보를 매수해 고위직에 오른 자는 벌금형으로 업무복귀를 시키는 판이다. 도덕이 무엇이며 수치와 모욕이 무엇인지도 모르는 후안무치한 잡배들이 판을 치는 세상이다. 그래서 재판도 개판이란다. 정의가 없는 사회가 돼 가고 있다. 유전무죄요 무전유죄라는 말이 회자된 지는 오래지만 정의를 지켜야 할 최후의 보루마저 무너지고 있는 것 같아 가슴이 답답하다.

성웅 이순신 장군의 《난중일기》 한 대목이 생각난다. "안팎이 모두 바치는 뇌물의 다소多少로 죄의 경중을 결정한다니, 이러다가는 결말이 어찌될지 모르겠다. 이야말로 돈만 있다면 죽은 사람의 넋도 찾아온다는 것인가?"

뇌물로 인한 매관매직의 역사가 유령처럼 다시 나타나 활개를 치고 있는 것 같다. 아름다운 선물을 마음 놓고 주고받는 세상을 기대할 수는 없을까!

악수握手와 표정表情

선물을 주고받는 것은 동서양을 막론하고 인간의 최대 미덕이다. 선물을 마련하려면 애정과 성의와 돈이 들기 마련이지만 돈 안 드는 최고의 선물은 미소微笑와 악수이다.

반가운 사람을 만나면 저절로 미소가 지어지고 상대의 손을 잡고 악수를 하게 되지만 그렇지 못한 사람을 만나면 그럴 생각이 나지 않는다.

사회생활을 하다 보면 하루에도 수십 차례씩 악수를 하게 되지만 미소가 필수적으로 수반돼야만 조화를 이룬다. 상대하기가 어려운 어른을 만났을 때는 아무리 반가워도 먼저 악수를 청할 수가 없어 표정만 살필 때가 있다. 여자에겐 함부로 악수를 먼저 청하면 실례가 된다. 잘못하면 성폭력으로 오인될 소지마저 있다. 정 나누기에 악수만큼 편리한 것도 없지만 함부로 남의 손을 잡다가 망신을 당할 수도 있어 신경이 쓰이기도 한다.

서양의 인사 예절인 악수가 언제부터 우리 생활 속에 녹아들었는지 정확하게 알 수는 없지만 우리 것으로 생활화된 지 오래인 것 같다. 하루에도 여러 차례 악수를 하지만 그때마다 상대의 표정과 체온을 살핀다. 악수할 때의 표정과 손바닥에서 전해지는 체온 속에서 상대의 마음을 읽을 수 있고 말보다 강한 정의 농도를 느낄 수 있기 때문이다. 남의 속도 모르고 짝사랑하는 실례를 범하지는 않았는지 조심스러울 때도 있다. 가는 정이 있어야 오는 정이 있다. 일방통행도 허다한 것이 우리네 현실이다. 싫은 상대가 청해 오는 악수는 원한怨恨이 맺히지 않는 한 거절하기가 어렵지만 어쩔 수 없이 내미는 손바닥에는 끈끈한 정이나 따뜻한 체온이 담기지 않는다.

매일 직장에서 일과처럼 만나는 사람과의 악수는 별 의

미가 없다. 보고 싶은 사람을 오랜만에 만나 굳게 잡는 악수라야 가치가 있다. 오래도록 맞잡고 흔들며 보석처럼 하염없이 만지고 싶은 따뜻한 손, 그것이 상대의 마음을 사로잡는 귀한 악수다.

악수는 선거 기간 중 후보들이 제일 많이 사용하는 무기다. 전 국회의원을 지낸 최 모 의원의 경우 유세遊說 기간 동안 악수를 많이 하여 손이 부르텄다가 나중엔 군살이 생겨 가뜩이나 큰 손이 농사꾼보다 더 거칠어지더라고 했다. 선거 기간 중에 한 표를 부탁하자고 유권자有權者의 손을 잡는 횟수가 하루 수백 번이 넘을 것인데 손이 부르트지 않는 후보가 몇이나 될까마는 한 번의 악수가 반드시 득표로 연결되는 것도 아니다.

악수는 손을 잡는 것만이 능사가 아니다. 그 손바닥 속에 정이 녹아 있어야 하고 정중한 태도와 성의 있는 강도로 맞잡아야 한다. 건성으로 손만 잡는 것은 악수가 아니다. 한 편의 명수필을 읽은 후 잔잔히 가슴에 여운이 남듯 감동을 주는 악수라야 한다.

어느 친구의 이야기다. 몇 년 전 국회의원 선거 때 여러 번 찾아와 지원을 부탁하던 김 모씨가 금배지를 달게 되었다. 어느 날 공항에서 우연히 만나 정중하게 인사를 드리자 엎어질 듯 두 손으로 으스러지게 잡던 선거 때의 태도와는 판이하였다. 억지 춘향이로 손을 잡는 둥 마는 둥 하여 심히 불쾌했다는 이야기를 하면서 그 의원의 인격까지 의심스럽다고 했다. 말 한마디로 천 냥 빚도 갚는다고 했는데 악수 한 번 잘못하여 인심을 잃고 욕먹은 꼴이었다.

지난번 지방 단체장 선거 때의 일이다. 출마한 친구가 걱정되어 투표 일주일 전에 격려 차 찾아갔다. 분위기가 어떠냐고 물어보았다. 유세장이나 시장터를 누비며 손이 부르트도록 서민 유권자들의 손을 잡아 보니 표정과 체온에서 지지자를 구별할 수 있겠더라고 했다. 상대방의 표밭이라고 하는 곳에 악수로써 지지율이 어느 정도인지 짐작되어 선거는 이미 끝난 것 같더라고 자신만만하게 이야기했다. 그의 말을 반신반의하면서 헤어졌는데 일주일 뒤 막상 개표를 해 보니 결과는 그의 말 대로였다.

손오공이 날뛰어 봤자 모든 것은 부처님 손안에 들어 있다더니 악수 속에 승패가 들어 있었다. 돈 안 들이고 쉽게 마련할 수 있는 선물이 악수이긴 하나 함부로 남용할 수 없는 선물이다.

자신이 가진 가장 소중한 것을 희생시켜 마련한 선물의 이야기, 오 헨리의 〈크리스마스 선물〉 같은 애절함과 청순함이 담긴 사랑의 악수가 세상을 살맛나게 한다.

아파트 이름

요즘 도시 지역에 신축되는 대부분 아파트의 이름이 어려운 영어여서 노인 세대들은 발음하기도, 기억하기도 쉽지 않다.

월드메르디앙, 레미안, 엑스디움, 대성스카이렉스, 로이얄 멤버스, 크폴리스, 쌍데빌, 아데리움 등은 아파트 브랜드의 일부로서 영어를 배운 신세대가 아니면 발음도, 기억도 하기 힘든 이름들이다.

시골에 사는 할머니가 아들네 아파트를 찾느라고 혼이 났단다. 그 아파트의 이름이 발음하기도 어려운 긴 외국어로 되어 있었기 때문이었다.

할머니가 다시 시골로 돌아가 친지들에게 아들 아파트 찾느라 고생한 이야기 끝에 요즘 새 아파트들의 이름을 왜 그렇게 어려운 서양말로 짓는지 모르겠다고 푸념을 했다. 한 할머니가 아파트 이름을 어렵게 짓는 것은 늙은 부모들이 자식들 집을 자주 찾아오지 못하게 하기 위한 것이라고 농담을 했다. 경로사상과 충효사상이 피폐되어가는 현실을 풍자한 한 토막 유머로 받아들이기에 가슴 아픈 이야기였다.

사람이든 상품이든 이름이 아름다워 손해 볼 것은 없다. 사람의 이름은 일생을 좌우하는 운명에도 관계가 있다고 하여 아기의 탄생과 더불어 이름을 짓는 데 심혈을 기울이기도 한다.

상품을 거래하기 위해서는 국내외적으로 상표가 중요한 비중을 차지한다. 특히 국제 거래에선 '트레이드마크(trademark)' 또는 '브랜드(brand)'라고 하는 상표가 신용과 가격을 보증하기도 한다. 상품의 유명 브랜드 때문에 백화점의 명품점이나 배회하는 '된장녀', '된장아줌마'라는 유행어까지 등장했다.

그런데 아파트 값을 올리기 위해서 아파트 이름을 영어 표기로 바꾸는 바람이 불고 있다. 아파트 이름이 아름다운 우리말로 되면 가치가 떨어지고 발음하기 어려운 외국어로 되면 무게도 있고 값도 오른다는 것이다. 사업자가 돈이 벌린다는데 무슨 짓을 못 하겠는가마는 우리의 정체성까지 저버려야 하는 오늘의 현실이 안타까울 뿐이다.

아파트 건설업체들이 신규 아파트뿐만 아니라 기존 아파트까지 새로운 브랜드로 바꾸고 있다. 아파트의 이미지와 가치를 높여준다는 브랜드가 아름다운 우리말로 된 것이 아니라 모두가 발음하기 어려운 외국어란 점에 문제가 있다. 한국의 수도 서울의 유명 아파트의 브랜드 가운데는 아름다운 우리말로 된 아파트가 수없이 많다. 강남의 가장 비싼 아파트도 아름다운 우리말로 된 것이 대부분이다. 장미, 개나리, 청실, 소라, 진달래, 목련, 옥빛, 백조 아파트 등이다. 별빛마을, 달빛마을, 학마을, 백조, 늘푸른 꽃마을, 등의 아름다운 우리말의 아파트 이름은 서울의 강북

신도시 아파트의 브랜드들이다. 우리말로 된 아파트라고 값이 싼 것은 아니다.

대부분 인기 아파트가 외국어로 된 이름이다. 건설업체들이 브랜드 가치와 인지도를 높인다는 이유로 어려운 외국어로 이름 짓고 있어 아파트 외국어 이름 붙이기는 더욱 확산될 조짐이다.

말과 글을 비롯한 고유문화 보존에 소홀하여 민족 전체가 소멸하여버린 만주족의 청나라 역사를 우리는 알고 있다. 세계화도 좋지만 내 것을 지키지 못하고 소속 불명의 외국어까지 동원해가면서 영어 표기만을 고집한다는 것은 고려해야 할 문제다.

주체성도 없이 서구화를 추종하는 신세대를 올바르게 지도하고 설득할 수 있는 기성세대의 지도자가 안 보이는 현실이 아쉽기만 하다.

젊음의 위장

인간의 노쇠현상은 지극히 자연적이다. 여자는 10대 후반, 남자는 20대 초반부터 노쇠현상이 시작된다고 했다. 늙는다는 것은 생존을 위한 정상적인 생리 변화로 그 나이에 가장 적당한 상태로 변화한다는 것이 의학적인 설명이다.

나는 40대 초반부터 머리카락이 희어져 늙어간다는 사실을 실감하기 시작했다. 흰 머리카락을 염색해 검은색으로 위장한 지 30년의 세월이 흘렀다. 흰 머리칼을 그냥 방치하면 늘어난 주름살과 함께 나이가 훨씬 많아 보이기도 하지만 직장 상사나 선배들 앞에서 행동하기도 자연스럽지 못하다. 특히 집사람을 비롯한 주위 여자들이 나의 흰 머리칼을 좋아하지 않는다. 자의 반 타의 반 머리칼을 염색하여 젊음을 위장해 왔지만, 염색을 할 때마다 "자연으로 돌아가라."라고 한 프랑스 낭만주의 문학의 선구자 루소의 외침이 들리는 듯, 자연의 섭리를 거역하는 것 같아 마음이 편치 않다.

외모의 아름다움은 남녀노소를 불문하고 선호하지만 여자들에겐 운명을 좌우하는 절대적인 요건인 것 같다. 암 말기 환자인 친구의 부인이 위독하다기에 마지막 문병이라도 해야겠다고 병원 응급실을 찾은 적이 있다. 혼수상태이던 부인이 문병객을 겨우 알아보고 모깃소리만 한 목소리로 "내 모습이 얄궂지요." 하면서 고개를 돌리지 않는가. 임종을 눈앞에 두고서도 미에 대한 애착을 버리지 못하다니 충격적이었다.

예로부터 남자는 예쁜 여자에게 약하고 여자는 능력 있는 남자에게 약하다고 했다. 옛 유교 사회에서도 외모는 중요한 덕목의 하나였다. 중국 당나라 때 관리 채용의 기준으로 신언서판의 기준을 두어 용모를 언행과 글과 판단

력보다 더 중요하게 여겼다는 것이다.

우리나라는 현재 외모를 지나치게 중요시하는 외모지상주의에 빠져 있다. 목숨을 건 성형수술이 유행하는 성형공화국이란다. 한국 여성 5명 중 1명이 성형을 했다는 통계가 있으며 성형 시장의 규모도 5조 원에 이른다고 한다.

중국, 일본, 베트남 등 동남아 국가의 여성들이 미용성형을 하려고 한국으로 몰려들고 있어 외화벌이에도 한몫을 한다. 한국의 의료관광 사업이 새로운 성장산업으로 각광을 받고 있다. 성형수술이 여성들의 전유물인 시대도 지났다. 기업체 입사 시험에 외모의 비중이 크다 하여 대학을 나온 젊은 청년들도 성형수술에 열을 올리고 있는 실정이다. 대기업 입사 시험에 관상학이 등장한 것은 오래지만 성형수술로 관상까지 다 바꿔야 하는 세상이다. 자식을 낳은 건 부모지만 외모를 만든 건 성형외과 의사란다.

요즘 식당에 가면 주인이 생선도 채소도 자연산이라고 자랑하며 값을 더 받는다. 하지만 자연산 인간의 가치는 날로 추락하고 성형수술로 만든 외모가 대접을 받는다. 성형미인 선발 대회가 유럽에서 열리고 있다고 하지만 미스 코리아 선발대회도 미인 대회가 아닌 성형대회로 전락할 위기에 있다. 국제사회에서 한국을 성형 공화국이라 비아냥거린다지만 성형 의술의 선두를 달리는 한국을 동경하는 외국인이 날로 늘어나고 있는 실정이다.

성형은 외모를 아름답게 만들어 시각적으로 대중에게 즐거움을 주는 의술이지만 미에 대한 과도한 허영심으로 건강과 인격을 훼손하는 함정이기도 하다. 하지만 언청이나 화상으로 흉물스런 모습이 된 이들에게 비통과 절망 대신 희망과 축복으로 살 수 있는 기회를 주는 성형수술이야말로 생명의 은혜를 능가할 것이다.

죽음을 무릅쓰고 관상을 바꿔서라도 예쁘고, 젊게 보여 사랑받고 출세하고 싶은 인간의 본능을 누가 막으랴! 자연산과 신토불이를 존중하는 우리가 성형 공화국의 중심에서 수많은 의료 관광객을 유치해 외화벌이에 열을 올리고 있다니 아이러니한 현상이다.

웃는 얼굴이 가장 잘된 성형수술이라던 어느 성형외과 의사의 말이 잊히지 않는다.

정 붙여 살다보니

기르던 애완견이 죽었다고 비통해하는 어린이나 여인을 TV를 통해 가끔 볼 수 있다. 혈육도 아닌 동물에 불과한데 어이하여 저토록 슬퍼할까 싶다. 버릴 수 없는 끈끈한 정 때문이란다. 과연 정情의 정체가 무엇인지 생각해 보게 하는 기회다. 중국 금나라 원호문도 〈매피당邁陂塘〉이란 제목의 시에 "정이란 무엇이길래 생사를 가름하게 하는가問人間 情是何物 直敎生死相許."라고 기러기의 죽음을 슬퍼하는 시를 읊었다. 문학 작품이나 유행가 노랫말에도 무수히 등장하는 정이란 말의 정체가 무엇일까? 그 생성과정은 사소해도 종말은 무서운 힘을 발휘함을 느낀다. 애정을 잃은 남녀들이 삶을 포기한 예는 어제오늘의 이야기가 아니다.

인간관계에서 사랑의 시작도 정이요, 끝도 정이다. 부모와 자식, 형제와 부부, 이웃 사이, 직장의 상사와 부하, 스승과 제자 이 모두가 정 없이는 존재 가치가 없다. 나무의 마찰로 불이 생기듯 사람의 정도 비비고, 지지고, 볶고, 뭉개면 생기는 것이지 바람에 날려 떨어지는 민들레 씨앗처럼 저절로 날아드는 것이 아닌 것 같다.

남남이던 남녀가 부부의 인연으로 해로하는 것도 애정의 연결 고리 때문이 아닐까. 우리의 조상들은 대부분 사랑의 담보도 없이 맺어진 인연이지만 살다 보니 정이 생기고 그 정을 붙들고 살아왔다. 사랑의 전제 조건 없이 결혼하지 못하는 요즘 세대들이 이해하기 어려운 대목이다.

순혈주의, 단일민족이라던 우리나라에서의 국제결혼이 여성의 전유물이던 것도 반세기 전의 이야기다. 당시엔 국제결혼도 희귀했지만 여성이 외국남자와 결혼하여 이민 가는 예가 주류를 이루었다. 언제부터인가 우리 이웃에도 타국에서 시집온, 피부 빛과 모습이 다른 신부가 늘어나더니 이젠 국제결혼이 보편화되었다. 이주여성에 의한 혼혈가정을 다문화가정이라 부르며 예전과는 다른 눈빛으로 인정을 베푼다.

다문화가정에 각별한 관심을 가지게 된 것은 지난해 이들 여성에게 한글을 가르칠 기회가 있은 이후부터이다. 얼굴 모습과 피부색, 언어가 다른 여인들의 한국 배우기는 절박했다. 우리말과 글 그리고 문화를 익히는 일은 그들이 당면한 중요한 과제였다.

향수에 젖은 어눌한 발음으로 우리말을 구사하려 애쓰는 표정은 연민을 느끼게 한다. 겨우 의사소통이 가능한 주부들이지만 대부분이 한두 명의 자녀를 두고 있었다. 이들과 인연을 맺은 지 한 달 정도가 지나자 그들의 국적과 이름을 알 수 있었고 이곳 생활의 애환도 조금씩 들을 수 있었다.

이들은 한국 남자가 좋아서 한국에 시집온 것이 아니었다. 급격한 산업화로 경제성장한 우리나라에 막연한 동경과 환상이 있었다. 돈 때문에 열 살, 스무 살 이상의 나이를 극복하고 한국의 남자와 짝을 지은 경우도 허다했다. 상대의 외모와 직업, 재혼이나 장애인도 가리지 않고 낯설고 물선 이국, 한국 남자와의 결혼을 강행했다.

이제 100만 명이 넘는 외국 여인들이 한국에 시집와 가정을 이루고 산다. 살다 보니 자식이 생기고 시부모와 이웃의 사랑도 받으니 정이 생겨 그 정 하나 붙들고 그럭저럭 살고 있다고 한다.

얼마 전 몽골에서 시집온 다문화 가정의 한 주부가 춘포문화장학재단으로부터 효부상을 받았다. 이 상을 받은 주인공은 올해 39세로 15년 전에 한국으로 시집온 사란토야란 이름의 몽골 출신 여인이었다. 네 자녀의 어머니로 여덟 식구를 부양하는 억척 주부로서 시어머니에게 효성이 지극하여 이웃 사람들의 칭찬이 자자하다고 했다. 사란토야는 이미 한국의 가족이 매달리는 아내이자 어머니이고 며느리가 되어 있었다. "아내가 귀여우면 처갓집 지붕 위에 앉은 까마귀도 귀엽다."는 속담이 있지만 정 붙여 사는 남편에 대한 사랑이 두터우니 효성을 다해 시어머니를 모실

수 있었다. 사란토야 씨는 한국의 문화와 언어 풍습에도 익숙해진, 남편 가문에서 뼈를 묻을 한국의 며느리로 정착한 경우다.

옛날과 달리 세정이 아무리 각박해져도 아직은 우리 주위에는 사란토야 못지않은 효부가 있다. 하지만 문화재단이 굳이 이 여인에게 효부상을 준 것은 이주여성들 다수가 효부가 되어주기를 바라는 메시지를 전하기 위함인 듯하다.

매년 증가하는 이주여성들의 이혼통계를 보면서 그들의 애환에 얽힌 처절한 삶을 짐작할 수 있다. 언어소통의 장애와 문화적인 갈등, 인종차별 등에 의한 소외감과 좌절감으로 방황하다가 이혼이란 막다른 골목에서 절망하는 그들을 보면서 비애를 느낀다.

다문화 가족들의 삶은 우리의 과거이자 현재이기도 하다. 의지할 곳 없는 한국에 오기까지의 사연은 그들 여인의 슬픈 역사이다. 우리의 여인에겐들 어찌 슬픈 역사가 없었겠는가. 경우는 다르지만 조선 인조 병자호란 때 청나라에 끌려갔다 돌아온 환향녀還鄕女의 치욕적인 역사, "홍제천에서 몸을 씻으면 깨끗하게 되리라."라는 어명으로 정절을 보상한 한 맺힌 역사를 우리는 잊을 수가 없다. 일제강점기 정신대의 굴욕, 6·25전쟁 당시 수많은 혼혈아의 탄생, 이 모두가 옛 여인들의 슬픈 과거사이며 잔혹사가 아니랴!

이제 세계는 다문화 사회이다. 단일 민족, 순혈주의의 개념은 구시대의 유물로 서서히 묻히고 있다. 우리 배달민족은 예로부터 정이 많은 민족이었다. 그 흔한 정을 이주여성들이 붙들 수 있었으면 한다. 언젠가는 "그놈의 정 때문에 가도 오도 못 하고 살았다."는 즐거운 하소연이 여기저기서 들려오기를 기대해 본다.

제 5 부

외솔과 금목서

외솔과 금목서金木犀

금목서金木犀는 가을을 사랑하는 꽃나무다. 스산한 가을바람에 대추와 알밤이 익어가고 귀뚜라미 소리에 단풍이 물들어 갈 즈음 가슴을 적시는 향기를 토하며 노란 꽃을 피운다. 그 향기가 만 리까지 번진다 하여 만리향이라 불리기도 한다. 향기의 짙음 정도에 따라 십리향, 백리향, 천리향 등 꽃나무의 별칭이 있는 것을 보면 금목서의 향기를 따를 만한 꽃이 없나 보다.

20여 년 전 창원 시청에 용무가 있어 갔을 때이다. 본관 입구에 백수를 넘긴 금목서 두 그루가 초록색 잎사귀 사이마다 노란 꽃을 수놓고 있었다. 그 향기가 이미 시청 건물을 에워싸고 있었다. 그때 받은 금목서 향기의 강렬한 충격은 오랜 세월이 흘러도 첫사랑처럼 잊히지 않는다.

핑계 없는 무덤이 없고 사연 없는 추억이 있으랴! 10여 년 전에 3년생 금목서 묘목 스무 그루를 휴경지 농장에 심었다. 10년의 세월이 흐르는 동안 적자생존의 자연법칙에 따라 시나브로 절반은 도태되고 10여 그루만이 2미터 크기로 자라 가을이 되면 길손의 넋을 빼앗는 향기를 불어내며 주말농장을 지키고 있다. 주말농장이라야 옛 고향 집 텃밭 천 평방미터에 불과하지만 휴경지로 방치할 수 없어 여러 종류의 꽃나무와 채소 농사를 심심풀이로 짓는다.

묘목으로 심어진 꽃나무도 어릴 때는 강아지처럼 귀여우나 어른 나무로 몸집과 키가 커지면 관리에 부담이 생긴다. 과유불급過猶不及의 상태가 되어 분양처를 물색했으나 마땅치 않았다. 애지중지 딸자식을 키워 좋은 혼처를 구해 시집보내야 하는 부모의 심정이 되었다.

내가 금목서를 심은 것은 "내일 지구에 종말이 오더라도 나는 오늘 한 그루 사과나무를 심겠다."는 스피노자의 철학을 따라서가 아니다. 그냥 농장의 빈터에 꽃나무의 향기가 좋아 목적도 없이 심은 것이다. 키우다 보니 10년 세월도 잠깐이었다. 그동안 비배관리와 전지를 하며 심혈을 기울여 미운 정 고운 정 다 들었다. 자식같이 키워온 꽃나무인데 너무 커서 부담스럽다고 함부로 베어버리거나 방치할 수 없어 전전긍긍하는 형편이 되었다. 그러던 차에 분양할 기회가 생겼다. 외솔 최현배 선생의 생가가 복원되어 화단 조경용 정원수가 필요했다. 금목서金木犀는 프랑스제 향수 샤넬 N0.5의 주원료로 쓰이는 귀족 수종이다. 물푸레나뭇과의 상록 활엽 관목으로 꽃향기가 뛰어나 선비들의 사랑을 받아왔으며 지금도 정원수로 선호도가 높은 꽃나무다. 나는 은사의 생가 정원에 심어드릴 만한 나무라 판단하여 두 그루를 희사하겠다고 제의했다. 시 당국은 나의 뜻을 받아들여 선생님의 생가 정원 양지바른 곳에 옮겨 심었다.

지난가을 시집보낸 금목서가 밥이나 굶지 않고 잘 자라 꽃이라도 피웠는지 궁금해 그 정원을 찾았다. 금목서는 노란 꽃을 흐드러지게 피워놓고 옛 주인을 반겨주었다. 안도와 환희가 겹쳤다. 딸자식이 흠 없이 자라 좋은 배필을 만나서 행복하게 살면 이보다 더한 부모의 보람이 있을까.

우리말과 글의 과학적인 연구로 평생을 바치신 외솔 최현배 선생님은 울산 병영에서 태어나 유년 시절을 보냈으나 일찍이 고향을 떠나셨기에 생가는 오랜 세월 폐허가 돼 있었다.

선생님의 생가 복원은 우리 고장과 후학들의 숙원이었다. 울산의 뜻있는 인사들과 후배들이 중심이 되어 선생님의 생가복원을 추진한 것은 10년 전쯤이다. 정부의 예산 지원금 확보와 남의 소유가 된 지 오래인 생가 부지를 사들이기가 쉬운 일이 아니었다. 뜻이 있으면 길이 있다고 했던가! 10년의 세월이 흐르는 동안 우여곡절 끝에 기념관 마련과 함께 생가복원의 숙원이 이루어졌다.

대학시절 외솔 선생님은 우리의 우상이었다. 선생님과는 지연地緣과 학연學緣이 겹친 각별한 인연이어서 은사의 생가 복원에 남다른 관심은 가졌으나 능력을 탓하며 방관하는 졸장부에 불과했다. 신념과 능력을 갖춘 추진위원들의 적극적인 참여로 생가복원이 드디어 이루어져 이 고장에 새로운 역사가 탄생한 것이다.

한글 가로쓰기의 아버지이며 한글 전용과 풀어쓰기의 이론적 연구로 오늘날 세계 최고의 정보기술 강국이 되도록 기여하신 외솔 최현배 선생님! 선생님 가신 지 어느덧 40년! 그 생가 정원에 금목서를 심어드림으로써 그동안 제대로 모시지 못해 진 빚을 갚아드린 것 같아 후련하고 더없는 영광을 느낀다.

외솔기념관 입구에는 300년도 넘었을 소나무 한 그루가 선생님의 정신과 공적을 기리며 생가를 지키고 있다. 정원에 심어진 금목서는 오늘도 고목으로 우뚝한 외솔을 쳐다보며 초록 잎 사이에 향기를 준비하고 가을을 기다린다.

기다림과 그리움

망부석 설화는 사랑하는 사람을 기다리다 그 자리에서 바위가 되었다는 전설적인 이야기다. 울주군 두동면 만화리 동쪽 치술령에 있는 망부석은 신라 충신 박제상이 왕명을 받고 일본으로 파견되자 부인 치술신모가 돌아올 남편을 기다리다 죽어 되었다는 바위다. 설화로 전해오는 이야기지만 남편에 대한 사랑이 얼마나 지순하고 강렬했기에 기다리다 지쳐 목숨까지 버렸을까. 이보다 더 애절하고 아름다운 사랑이 또 있을까? 이 순애보는 천년 세월이 흘러도 훼손되지 않고 대대손손 전해져 오고 있다.

울산의 어떤 문화단체에서 한의 삶을 죽음으로 승화한

박제상 부인의 설화를 오늘의 젊은이들에게 귀감이 되고 교육적인 효과가 있다 하여 '망부석 축제'를 제안했다. 그런데 몇몇 여성단체에서 펄쩍 뛰면서 정조를 볼모로 하는 여성의 잔혹사殘酷史를 축제로 한다는 것은 시대에 뒤떨어진 발상이라며 극구 반대했다.

인간의 마음속에 그리움과 기다림이 없었더라면 그 많은 문학 작품이 나왔을까. 서양의 대문호들이 남긴 명작은 말할 것도 없고 우리의 문학사에도 백제 가요 정읍사, 춘향전이 있고, 현진건의 소설 무영탑이 있다. 아사달과 아사녀의 애달픈 사랑의 이야기는 기다림 문학의 극치를 이룬다.

다니엘 호손의 《주홍 글씨》, 오 헨리의 단편 《마지막 잎새》와 〈크리스마스 선물〉등의 명작도 숭고한 희생의 기다림이 없었던들 시대를 초월한 명작으로 오늘날까지 인구에 회자되고 있을까. 기다림은 기다리는 이의 애를 태우기 마련이다. 통신수단이 불편했던 시대의 어머니들만큼 기다림에 지친 삶을 살아온 여인들이 있을까. 외출한 남편과 자식들을 기다리느라 숱한 밤을 지새운 지고지순한 여인의 삶을 우리는 알고 있다.

산업사회와 기계문명의 발달로 속도전의 삶을 사는 오늘의 세대에겐 기다림의 본질도 변모돼 가고 있다. 휴대전화의 발달은 기다리게 할 빌미마저 박탈한다. 단 5분을 기다리지 못하고 "왜 늦느냐."고 항의다. 자동차 운전을 하면서 순식간에 바뀌는 적색 신호가 파란 신호로 바뀔 때까지 1~2분이 1시간을 기다릴 만큼 지루하게 느껴질 때도 있다. 시간이 돈이라는 경제논리가 이 시대를 지배하는 한 외출한 남편이나 자식들의 빠른 귀가를 기다리며 집 앞에 나가 높이 뜬 달을 쳐다보고 더 밝게 비쳐 달라 노래를 부르는 여인이 나타나지 않을 것이다. 아무리 세월이 흘러도 삶의 진실과 인간의 본능은 변하지 않는다. 산다는 것은 기다림과의 끝없는 여행이다.

설과 추석을 맞으면 귀성객으로 온 나라가 교통 전쟁을 치른다. 뿔뿔이 흩어진 가족들을 만날 수 있는 기회다. 고향의 부모들은 보고 싶었던 아들과 딸, 손자들을 손꼽아

기다린다. 기다릴 필요가 없는 무자식 노부부의 세상 비관 자살 소식이 요즘도 간간이 들린다. 기다릴 수 있는 한 절망은 없다. 불과 600킬로미터 이내의 국내에 있는 자식들인데도 눈이 아프도록 기다려지는데 국경을 넘어 먼 곳에서 올 가족에 대한 기다림이야 오죽하랴! 남북 이산가족, 북에 두고 온 배우자나 자식을 만나는 것이 평생의 소원인 노인들이 이 땅엔 한둘이 아니다.

기다림에 지칠 대로 지쳤으나 언젠가는 만날 수 있으리란 희망이 있기에 절망하지 않고 삶을 이어가는 이들도 있다. 기다림은 삶을 지탱해 주는 최대의 버팀목이다.

나이 들면 들수록 기다려지는 것들이 많아지나 보다. 세월이 약이라 했다. 사랑과 행복을 가꾸는 데도 기다림이 묘약이다. 원망과 증오, 슬픔과 한탄도 세월이 가면 치유될까?

우리나라 역사의 인물 가운데 정의를 위해 헌신하다 귀양살이를 한 수많은 충신, 10년 20년의 기다림은 얼마나 처절했을까! 조선 후기 실학자인 다산 정약용 선생은 18년간의 귀양살이를 하면서 기다림에 지친 몸을 학문에 전념하여 《목민심서》, 《경세유포》, 《흠흠신서》 등 수많은 불후의 명저를 남겼다. 선생에겐 비록 긴 유배생활이었지만 기다리는 내일이 있을 뿐 절망은 없었다. 내일을 기다리는 우리에게 용기와 희망을 주는 사례다.

우리는 오늘도 많은 것을 기다리며 살고 있다. 즐거운 기다림도 괴로운 기다림도 만난다. 아무리 세태가 변해도 남편을 가다리다 죽은 여인의 정절을 두고 정조를 볼모로 한 여자의 잔혹사로 폄하해서야 될 일인가! 박재상 사당 앞에 세워진 홍살문이 날로 퇴색될까 염려스럽다.

기와 한 조각

어린 시절 20여 가구가 올망졸망 모여 살던 우리 마을에는 기와집이 한 가구뿐이었다.

당시 기와집은 부와 권력의 상징이었다. 높은 담장을 두른 그 집은 함부로 접근할 수 없는 위엄과 신비를 간직하고 있었다. 그때는 초가집이 농촌 주택의 주류를 이루고 있어 기와집은 서민들의 최대 선망의 대상이었다.

나의 유년 시절 농촌 지역에서는 기와 한 조각 구경하기도 힘들었다. 기와 조각을 발견하면 특별한 용도가 있어 소중히 간직하곤 했다. 설과 추석을 대비해 놋그릇을 닦은 세척제로 이용되었다. 기와 조각을 분쇄해 그 분말을 지푸라기에 묻혀 놋그릇을 닦으면 반들반들하게 잘 닦였다. 그런데 그 하잘것없는 옛 기와 한 조각이 국제 분쟁을 일으킬 만큼 중요한 의미를 갖는 경우가 있었다니 놀라운 일이다.

신라 최초의 절 흥륜사 터에서 일제강점기에 출토, 일본으로 반출되었다가 반환된 '신라인의 미소'라는 인면무늬의 와당 한 조각이 바로 그것이다. 이 기와 조각이 출토되었다는 흥륜사 터는 경상북도 경주시 사정동에 있으며 이곳에 절이 세워진 시기는 신라 눌지왕 대(417-457)로 추정된다. 왕이 죽자 폐허화되었으나 법흥왕 14년(527년) 이차돈이 순교한 뒤 533년부터 중창되기 시작하여 진흥왕 5년 2월에 완공되었다고 전해진다. 그 후 여러 차례 소실되고 중수되는 과정을 겪다가 조선 시대 소실된 뒤 폐사되었다 한다. 이 흥륜사적지에서 우연히 토단과 석조가 발견되었다는 것이다.

1972년과 1977년에 발굴조사가 실시되었는데, 이때 금당지 앞 양쪽에서 8각 탑지와 동쪽에서 회랑지가 확인되었으며 신라 시대 와당류가 다수 출토된 것으로 전해졌다.

현재 절터에는 새로 지은 흥륜사가 있데 이곳에서 '영묘사靈廟寺'라고 새겨진 기와 조각이 두 개나 발견되어 선덕여왕 때 창건된 영묘사 터가 아닌가로 추측되기도 한다.

이 '신라인의 미소'라는 수막새 조각은 1934년 일제 강점기에 경주 시내 야마구치 의원의 의사였던 다나카 다카노부〔田中敬信〕가 한 고물상에서 입수하여 일본으로 가져가 소장하던 골동품이었다. 놋그릇의 세척용쯤으로 쓰이던 보잘것없는 기와 한 조각을 한국인도 아닌 외국인이 어찌하여 그토록 귀한 줄 알고 구입하여 긴 세월 동안 보관했는지 신기하기만 하다. 얼굴 모양을 한 기와 한 조각의 문양이 아무리 특이하고 희귀하다 하더라도 남의 나라 기와 한 조각을 귀중한 보물로 간직했다가 일본으로 가져가 긴 세월 동안 소장했는지 그분의 혜안에 놀라지 않을 수가 없다.

하마터면 우리 역사에 영영 묻힐 뻔했던 이 얼굴무늬 수막새는 전 경주 박물관장 박일훈 씨의 노력으로 30여 년 만에 경주박물관의 유장품(유물번호#경주1564)으로 귀속되었다.

이 '신라인의 미소'는 이제 경주의 상징 문화재로 자리매김했다. 그 모형은 경주의 길가 담벼락에서도 쉽게 발견할 수 있게 되었을 뿐 아니라 경주 문화행사의 포스터에 단골 메뉴로 등장하고 있다.

우리나라 굴지의 한 대기업 심벌마크가 이 수막새의 이미지를 따 만든 것으로 짐작된다. 한 조각의 초라한 기와지만 우리의 역사와 문화계에 미치는 영향이 얼마나 큰지 다시 한 번 생각하게 한다.

한반도에 인류가 살기 시작한 것은 구석기 시대부터라고 한다. 유구한 세월 동안 우리 선조들은 이 땅의 곳곳에 삶의 흔적으로 다양한 문화유산을 남겼다. 지구촌의 여러 나라는 저마다 고유문화를 계승 보존하기 위해 막대한 예산을 들여 박물관을 짓고 문화재를 보호 관리하며 전시까지 하고 있다. 문화가 빈약한 유럽의 일부 나라들은 무력으로 남의 나라 문화를 빼앗아 자기네의 문화인양 박물관에 버젓이 내놓고 있다. 영국의 대영박물관과 프랑스의 루브르 박물관이 대표적인 예이다.

우리는 5천 년의 유구한 역사 속에 간직된 찬란한 문화가 있지만 제대로 계승 보존하지 못한 수난의 역사를 겪었다. 주린 배를 채우기에 급급했고, 문화에 대한 무지 때문에 일제강점기에 수많은 문화재를 빼앗기면서도 수수방관했다.

우리가 문화재 보호에 눈을 뜨게 된 것은 1962년, 불과 50년이 채 안 되는 짧은 세월이니 안타까운 일이다. 발부리에 차이는 돌 하나에도 관심을 가져야 할 것 같다.

무궁화가 고독하다

“무궁화 삼천리 화려강산”, 예로부터 우리 민족의 사랑을 받아온 무궁화는 우리나라를 상징하는 꽃으로 “영원히 피고 또 피어서 지지 않는 꽃”이라는 뜻을 지니고 있다.

우리에게 무궁화가 더욱 아름답게 보이는 것은 일제 강점기 학교나 관공서에 심어진 무궁화가 뿌리까지 뽑혀 불태워지는 수난의 역사가 있었기 때문이다. 우리의 애국지사들과 고난을 함께 해온 꽃 무궁화는 거룩한 꽃이다.

우리나라를 상징하는 표상물로는 태극기와 애국가, 무궁화 등이 있다. 태극기와 애국가에 대해서는 제정과 채택, 공포 등에 관한 확실한 규정과 근거가 있으나 무궁화를 국화로 채택한 뚜렷한 법령이나 규정이 없다.

무궁화는 오래전부터 우리나라에 자생하고 있었으며 우리 겨레의 민족성을 나타내는 꽃으로 인식되면서 나라꽃으로 인정받고 있을 뿐이다. 무궁화가 우리 민족과 연관되어 나타난 역사적인 근거는 무척 오래되었다. 중국의 지리와 풍속을 기록한 《산해경山海經》에 무궁화가 많이 피고 지는 나라로 기록돼 있다. 신라 시대에는 외국에 보내는 문서에 신라 스스로를 근화향槿花鄕이라 했다고 하니 이때부터 무궁화가 나라꽃이라는 인식이 굳어졌다는 견해도 있다. 그 밖에 고려 시대 이규보李奎報의 《동국이상국집東國李相國集》이나 조선 세종 때 강희안姜希顔의 《화암수록花菴隨錄》, 조선 명종 때 이수광李睟光의 《지봉유설芝峯類說》 등의 저서에 무궁화와 우리 문화와의 깊은 관련성이 언급되어 있다.

무궁화는 예로부터 온 겨레의 사랑을 받을 만큼 아름다운 꽃이다. 현재 우리나라에는 1백여 품종의 무궁화가 자라고 있다. 꽃 색깔에 따라 단심계, 배달계, 아사달계 등으로 크게 분류된다. 정부는 이들 가운데 꽃잎에 붉은 꽃심이 있는 단심계의 홑꽃을 보급품종으로 지정하였다.

우리의 나라꽃 무궁화를 울산 시내에서는 쉽게 볼 수 없어 안타깝다. 아파트 단지의 정원, 주택단지의 소공원이나 단독주택 정원, 시가지 도로 등 무궁화가 있음직한 곳에 제철인 무궁화 꽃을 구경하기가 힘들다. 심지어 무궁화가 없는 관청의 정원도 여러 곳이다. 무궁화꽃을 어디 가면 볼 수 있는지를 울산광역시 당국에 물어봤다. 울주군과 북구 지역에 주로 수벽과 가로수, 가로 화단 등에 10여만 그루가 심어져 있다고 했다. 서울시보다 넓은 울산시인데 변두리에만 주로 무궁화가 심어져 있으니 만나기가 힘들 수밖에 없다. 정확한 식재 장소를 물어 찾아가지 않으면 헛수고다. 요즘 초중학교 학생들 대부분이 무궁화 꽃을 본 적이 없다는 사실도 거짓말이 아닌 듯하다. 건물을 새로 지으면 반드시 조경수를 심어야 한다. 그렇지만 정부나 개인도 조경수로 무궁화를 선호하지 않는다. 진딧물 때문에 관리가 어렵다고 관청에서까지 냉대를 받고 있는 꽃이다.

무궁화는 민족정신이 담긴 꽃이라는 사실 외에 은근하고 겸손하며, 아침에 피어 저녁에 지는 영고무상榮枯無常한 인생의 원리를 알려주고 가을까지 계속 피니, 좌절을 모르는 우리 민족성을 나타내기도 한다.

아름다운 무궁화가 고독하다. 돌봐주는 사람들의 손길과 눈길이 예전과 다르기 때문이다. 꽃도 외국산이 판을 치는데 광복절 아침에는 한 번 짚어봤으면 한다. 서울을 비롯한 부산, 대구 등 여러 곳에서 무궁화 꽃 전시회가 가끔 열린다. 울산에서도 대공원에서 나라꽃 무궁화 전시회가 열리지만 전시로만 끝나는 행사가 되고 있다.

울산에서는 3·1운동에 앞장섰던 독립투사 후손의 제실인 웅촌면 석계서원에 수령 100년이 넘은 고목 무궁화 한 그루가 보호수로 건재하다니 그 문중의 자랑이기도 하지만 울산의 자랑거리이기도 하다.

외로운 소나무

10여 년 전 영국 여행길에 셰익스피어 생가를 방문할 기회가 있었다. 런던에서 승용차로 1시간 거리에 위치한 셰익스피어 생가는 옥스퍼드 대학가에서 가까운 거리였다. 그가 태어난 곳은 '스트렛퍼드 어폰 에어번'이라는 자그마한 마을이었는데 지금은 세계적인 관광지로 5만 명을 수용하는 큰 도시가 되어 있었다. 인류에 회자되는 한 명의 인물이 후세에 미치는 영향이 얼마나 큰지를 짐작하게 했다.

유명 인사의 생가 보존은 후예들이 그 업적과 명예를 보존하여 은덕을 오래 기리고자 함에 있다. 우리나라의 경우도 위업을 남긴 분들의 생가가 복원, 보존돼 후예들의 삶에 교훈을 주고 사표가 되며 중요한 역사 자료로 이용되고 있다. 울산의 경우 최근에 박상진 의사의 생가가 복원되었으며 외솔 최현배 선생의 생가도 복원되었다.

외솔은 한글학자 최현배 선생의 호이나 그 깊은 뜻과 유래는 풀이가 없어 알 길이 없다.울산이 낳은 세계적인 한글 학자인 외솔 최현배 선생은 중구 병영에서 태어나셨다. 독립운동가이기도 외솔 선생의 생가가 오랜 진통 끝에 복원되고 기념관도 함께 건립되어 울산의 새로운 관광자원으로 빛을 보게 되었다.

외솔 최현배 선생 생가복원 추진위원으로 참여한 나는 어느 날 울산광역시 중구청 담당 부서에 진척 상황을 일아보기 위해 전화를 걸었다. 고운 목소리의 여직원이 전화를 받았다. 외솔 선생의 생가 복원 진척 상황을 묻는 말에 의외에도 "외솔이 누군데요?" 하는 반문이 들려왔다. 담당 부서의 직원이 외솔을 모르고 있다는데 놀라움을 금할 수 없었다.

울산의 초중고 학생들 가운데 외솔을 아는 학생이 극소

수에 불과하다는 어느 교사의 이야기를 듣고 우리 국어 교육에 문제가 있다는 생각이 들었다. 다른 지역은 몰라도 울산지역의 학생들은 외솔 선생을 몰라서야 되느냐는 것이 나만의 욕심일까?

한글 전용과 가로쓰기는 1949년 10월 9일 한글 전용에 관한 법률이 공포됨으로써 시작되었으나 한자 혼용을 다시 하는 등 숱한 우여곡절을 겪어 왔다. 오늘의 신문이나 교과서와 잡지 등 모든 책이 이처럼 쉽고, 편리하고, 간편하게 되기까지 우리글 한글이 기여한 공로는 말로 표현할 수 없을 정도다. 우리나라가 세계화, 정보화 시대에 정보기술(IT) 강국이 된 것도 우수한 문자인 한글 덕분이라는 것은 널리 알려진 사실이다.

요즘 길거리에서나 버스, 지하철 등에서 청소년들이 휴대폰으로 문자를 보내는 손놀림을 보면 그 속도에 감탄사가 절로 나온다. 중국인들의 컴퓨터 자판기 두드리는 모습을 보면 우리 한글의 고마움을 실감하게 된다. 이들은 3만개가 넘는 한자를 좁은 자판에 나열하기가 불가능하여 중국 발음을 먼저 여운으로 묘사하고 알파벳으로 입력한 다음, 단어마다 입력키를 눌러야 화면에 한자로 바뀐다. 그러니 얼마나 번거롭고 더디겠는가! 일본어의 경우도 알파벳을 이용하여 각 단어가 영어 발음표기에 맞게 입력되어야 화면에 일어로 바뀐다.

한글은 24개의 자음과 모음으로 자판기 내에서 모든 문자를 입력해 문장을 빠르고 쉽게 구사할 수 있으니 우리는 축복받은 민족이다. 휴대전화로 문자를 보낼 때 한글로 5초면 되는 것을 중국이나 일본은 35초가 걸려 이들 나라보다 7배가 더 빠르니 정보화 시대에 큰 경쟁력이 아닐 수 없다. 세계적인 언어학자들 가운데 한글이 가장 배우기 쉽고 과학적이어서 세계 여러 문자 중 으뜸이라는 격찬을 받고 있다고 한다.

우리 한글이 컴퓨터나 휴대폰으로 어느 나라 문자보다 빠르게 조합할 수 있는 것은 가로쓰기의 개발이다. 한글의 가로쓰기 아버지는 울산이 낳은 한글학자 외솔 최현배 선생이다. 그래서 울산에 사는 것에 더욱 긍지를 느낀다. 우리가 우수한 문자인 한글을 가졌으면서도 이 가로쓰기를 개발하지 못했더라면 세계적인 아이티 강국이 될 수가 없었을 것이다.

늦은 감은 있지만 외솔의 생가가 복원되고 그 기념관까지 건립된 것은 울산의 자랑이요, 우리나라의 자랑이라 생각된다. 영국의 셰익스피어 생가 부근 도시 발전처럼 외솔 생가가 있는 지역 일대의 도시 개발에도 큰 변화가 예상된다.

외솔 선생의 생가와 기념관이 남산 위의 큰 소나무처럼 우뚝하여 영원토록 푸르기를 빌어본다.

조선통신사의 길

몇 년 전 부산에서 조선통신사 축제가 열렸을 때였다. 그 축제의 한 행사로 마련한 '조선통신사 국제학술 심포지엄'에 관심이 있어 참석했다. 4명의 발표자 가운데 일본 학자인 '도로로키 히로시'가 '한국 내 통신사 행로의 역사지리학적 복원'이란 제목의 주제 발표를 했다.

도로로키 히로시 교수의 조선통신사 행로에 대한 발표를 듣고 나는 충격을 받았을 뿐 아니라 자존심이 상하기도 했다. 한국의 역사학자 가운데 우리의 조선통신사 행로를 깊이 연구한 분이 없다는 사실도 실망스러웠지만 일본 학자가 우리의 국내 조선통신사 행로를 심도 있게 연구, 발표했다는 데 놀라움을 금할 수 없었다. 조선통신사는 조선시대 일본에 파견한 외교사절단으로 세종 때부터 15회에 걸쳐 시행한 바 있다.

옛 신라의 대표적 문학, 향가연구의 대가인 고 양주동 선생은 영문학자였다. 일제강점기에 小昌進平(오꾸라신페이)이란 일본학자가 우리 국문학을 연구, 최초로 《향가 및 이두의 연구》(1929)란 책을 펴냈는데 이를 본 양주동 선생께서는 민족감정의 모멸감과 자존심에 상처를 입어 향가를 연구하기로 결심했으며, 피나는 노력으로 '조선고가연구'를 집대성하고 국문학자로 변신했다는 일화가 전해진다.

일본 학자인 도로로키 히로시 교수가 주제 발표를 하는 동안 학창시절 양주동 선생께서 학자의 양심과 자존심으로 연구했다는 '고가연구'를 강의하던 모습이 지워지지 않았다.

히로시 교수의 강연 내용에는 우리의 조선통신사 사행 행로를 조선 영조 때 편찬된 《춘관지》를 인용, 좌도를 왕로, 우도를 복로로 이용하도록 되어 있었다고 했으며, 충주, 안동, 경주, 동래 등 4개소에서는 원래 사연이 베풀어졌는데 민폐를 최소화하기 위해 폐지되고 부산진에서 좌수사가 지대支待하는 것으로 변경되었다는 내용도 밝혔다. 이러한 사연이 좌도가 왕로로 이용된 데 영향을 주었을 것이며 좌도가 사행로로 대표성과 상징성을 가지고 있었다는 것이다.

《춘관지》에 따르면 조선통신사의 행로는 좌도와 우도의 갈림길이 문경에서 시작되며 좌도는 예천, 안동, 영천을 경유 경주로 향하게 되어있어 울산은 좌도의 왕로로 거쳐 가는 곳이며 병영과 울산을 경유 용당을 거쳐 동래로 향했다고 되어 있다. 울산을 경유한 행로는 구시가지인 현재의 중구 동헌 앞을 거쳐 오복고개를 넘어 웅촌으로 향했을 것으로 추정된다. 경주에서 울산을 거쳐 부산으로 간 조선통신사의 행로는 현재의 국도 7호선 방향일 것이다.

울산광역시는 공업단지가 된 이후 신축된 남구 신정동 현 시청 청사 앞 큰길가에 '조선통신사의 길 표지석'이란 대리석 구조물을 하나 세워두고 있다. 눈여겨보지 않으면 찾기도 힘든 검은 대리석 표지석이다. 현 위치에 세워진 '조선통신사의 길' 표지석은 통신사의 길로는 거리가 멀어 한일 외교의 역사 자료 연구에 아무런 의미가 없으며 대내외적으로 수치스러운 일이기도 하다. 현재의 울산 시청 자리는 공업단지로 지정되기 전까지만 하더라도 딸기 채소를 주로 심던 밭이었고 작은 못이 있었으며 고샅길도 하나 없었다고 한다. 큰길이 있어 조선통신사가 이용했을 것으로는 상상조차 할 수 없는 지형이다.

울산은 조선시대 대표적인 대일 외교관 조선통신사 이예 선생의 고향이다. 조선통신사로 왕의 명을 받아 대마도를 거쳐 일본을 40여 차례 왕래하면서 울산을 경유했다. 이러한 울산에 조선통신사의 사행 행로의 표지가 잘못되어 있다는 것은 재고해 봐야 할 문제가 아닌가 싶다.

최소한 당시 울산의 경계 지점이나 역사에 기록된 병영, 옛 동헌, 웅촌 등지에라도 조선통신사 표지석을 설치하거나 그 행로를 복원해두고 역사 연구의 자료가 되도록 했으면 하는 마음 간절하다.

(2013. 9.)

짝퉁

20여 년 전에 청소년들 사이에서 은어로 사용되던 '짝퉁'이란 신조어가 이젠 우리말 사전에 등재되었다. 가짜 명품을 뜻하는 짝퉁의 어원은 명확하지 않지만 진짜의 반대말로 사용되는 속어로 모조품, 유사품, 이미테이션 등의 의미를 표하고 있다.

짝퉁 하면 중국 제품을 먼저 떠올린다. 중국의 짝퉁산업은 중국 경제의 요람이며, 세계경제의 한 축을 이루고 있다. 중국 여행이 일반화되기 전 한국의 남대문시장과 동대문시장에서 가짜 상품이 범람했다. 미국은 언제부턴가 한국을 모조품 생산 1등 국가라는 불명예를 씌워놓았다. 현재 전 세계의 모조품 시장에서 거래되는 금액은 약 5천억 달러로 추산되는 규모인데 명품 핸드백의 최고 모조품 생산지는 한국이라고 미국의 로이터 통신이 보도한 바도 있다. 이를 부인만 할 수 없는 것은 서울 남대문시장이나 동대문시장, 이태원 등지에서 프랑스 유명상품 가짜 모조품이 버젓이 팔리고 있기 때문이다.

신사의 나라 영국에서도 가짜 명품이 대량으로 유통되고 있어 짝퉁문화를 우려하고 있다. 가짜 상품 소유로 행복하다는 수치가 해마다 늘어날 만큼 일반 국민들의 선호도가 높다는 소식이다. 명품 선호도는 한국인의 전유물인 것만은 아닌 것 같다. 싼 값에 높은 브랜드의 이미지를 즐길 수 있는 짝퉁문화는 선진, 후진 인종을 불문하고 매력의 대상이 되고 있는 것이 현실이다. 가짜 명품인 짝퉁 산업이 범법행위로 간주되지 않고 합법적인 상거래로 공공연히 유통된다는 것은 진짜 명품의 가치와 산업에 치명타는 물론 가치관의 전도로 인간답게 살려는 우리들 진실한 삶의 방향에 회의를 가져오게도 한다.

어디 가짜가 명품에만 한정된 것이랴! 인간의 마음을 아름답게 만드는 자연의 꽃을 가짜로 만든 것이 조화가 아닌가. 감쪽같이 생화처럼 만들어 계절에 관계없이 연중 아름답게 피어 사람들의 사랑을 받고 있다. 그 누가 가짜라고 침을 뱉을 것인가.

천년 세월의 시공을 뛰어 넘어 옛 선조들이 남긴 골동품을 재현한 가짜들은 전문가가 아니고서는 진위를 가릴 수 없도록 정교하다. 가짜를 진품으로 속아 사지 않는 한 감상하는 데는 문제가 없어 시비를 거는 사람은 없을 것이다. 문제는 가짜를 진짜로 속여 진짜 값을 받고 파는 악덕상거래에 있다.

여인들의 지나친 화장도 어쩌면 진짜를 과장하여 아름다운 가짜로 만드는 것이 아닐까. 여자들의 얼굴을 아름답게 고쳐주는 성형수술이 유행이다. 몇 년 전만 하더라도 의술 가운데 찬밥 신세를 면하지 못하던 성형외과가 각광을 받고 있다는 소식이다. 생활소득 수준이 오르니 너도나도 성형수술로 미인 되기에 혈안이 되어 있다.

인간의 신체 부위 가운데 얼굴만큼 중요한 부분이 없다. 특히 여인의 얼굴 외모는 일생의 행과 불행을 결정짓는 분수령의 역할을 한다. 환경과 경제력이 허용되면 어느 누가 성형수술로 미인이 되기를 거부하겠는가. 성형수술의 후유증으로 죽음에 이르는 위험이 도사리고 있어도 수술의 모험을 단행하는 사례는 허다하다.

성형수술은 얼굴이나 신체 일부분을 훼손하여 진짜를 가짜로 만드는 것이다. 그러고 보면 속는 것인지 믿는 것인지 알 수 없어도 가짜를 사랑하는 사람들로 우글거리는 세상이다.

가짜를 만드는 기술이 고도의 과학 기술로 각광을 받는 의학이 또 있다. 동물 복제 기술이다. 복제 양을 만들고 복제 개를 만드는 등의 생명공학이 세계적인 관심 학문으로 연구되고 있다. 동물 복제 기술은 줄기세포 기술을 동반하여 상업적인 고부가 가치의 창출은 물론 인류 복지증진에 크게 기여한다. 우수한 혈통을 가진 동물의 복제로 고수익을 올리고 줄기세포 기술로 난치병을 치료할 수 있다는 것은 전 인류가 염원하는 산이다. 하지만 이 기술의 발전은 인간 배아복제로 가짜 인간을 만드는 위험을 안고 있다. 이는 생명윤리기본법으로 우리나라에서도 금지돼 있지만 세계적으로 반인륜적 행위로 지탄의 대상이다.

인간은 진리와 진실과 진짜만으로 살 수는 없는가 보다. 때로는 거짓과 가짜가 인류의 행복을 창조하고 기여하는 경우도 있음을 부인할 수 없다. 가짜 애국자, 가짜 정치인, 가짜 박사 등 세상살이에 가짜가 없는 것이 없지만 인간의 건강을 위협하는 가짜 식품과 약품의 제조업자가 가장 지탄을 받아야 할 대상이 아닌가 싶다. 양주와 맥주를 비롯해서 참기름, 고춧가루, 생선, 벌꿀, 달걀 외에도 중국에서 들어오는 수많은 가짜 식품, 가짜 비타민을 비롯한 각종 건강 약품과 음료수까지 우리는 지금 가짜 홍수 속에서 살고 있다.

옛날에 비해 급증하는 암 환자의 발생도 이 무수한 가짜와 무관하지 않다는 생각이 오늘의 우리를 슬프게 한다.

(2010. 10.)

육영育英과 보은報恩

한국의 산업수도 울산이 세계적인 공업도시로 성장하여 오늘에 이르기까지에는 박정희 전 대통령을 가장 측근에서 보좌한 이후락 선생의 공적을 빼놓을 수 없다. 울산이 고향인 선생께서는 당시 혁명정부의 비서실장을 거쳐 중앙정보부장, 국회의원 등을 역임하면서 남다른 애향심으로 울산 발전에 기여했다. 공업단지를 유치하여 우리 민족 5천년 빈곤의 역사를 마감하는 데 주역을 담당했으며 교육의 불모지였던 울산에 학성고등학교를 비롯한 7개 중고등학교를 세웠다. 산업의 역군이 부족하자 울산대학과 울산전문대학을 설립해 인재를 양성했으며 울산문화방송을 설립하여 문화창달에도 크게 기여하였다.

울산 역사에 큰 인물로 부상했던 이 선생께서 뇌종양과 노환으로 다년간 투병하다 지난 2009년 10월 86세로 영욕의 한생애를 마감하였다. 고인은 대전 현충원 장군묘역에 안장되었으며, 장례 기간 동안 울산의 분향소에서도 500여 명의 문상객들이 줄을 이어 고인의 명복을 빌었다.

우리나라는 예로부터 동방예의지국으로 예를 무엇보다 숭상해온 민족이다. 은혜를 입으면 갚을 줄 알고 충효사상이 투철하여 인간의 도리를 다하는 것을 최대의 미덕으로 삼아왔다.

우석 이후락 선생은 애향심이 남달라 후세 교육을 위해 울산에 7개 중고등학교와 1개 대학 그리고 전문대학까지 설립했다는 사실을 모르는 사람은 거의 없을 것이다. 고인이 생존 당시 가장 애정을 갖고 있던 울산여자상업고등학교에는 후학들이 설립자의 은덕을 기리고자 교정에 흉상을 세운 적이 있었다. 어느 날 그 흉상이 철거되고 그 자리에는 스산한 바람만 스치고 있다.

울산대학교에는 고인의 호를 따 '우석관'이라 명명한 건물이 있었다. 어느 날 '우석관'이란 이름은 자취도 없이 사라지고 '조형관'으로 바뀌어 있었다.

우리나라 사학의 명문대학으로 불리는 고려대학교와 연세대학교의 경우를 보면 설립자의 은덕을 어떻게 기리고 있는지 참고할 만하다. 대통령까지 배출한 고려대학교의 경우 막대한 예산으로 인촌기념관을 건립해 해마다 그 은덕을 기리는 많은 행사를 하고 있다. 연세대학교에는 설립자인 언더우드의 동상이 캠퍼스의 가장 요지에 세워져 비록 외국인이지만 긴 세월 동안 그 은덕을 기리고 있으며 재학생과 수만 명 동문의 영원한 존경의 대상이 되고 있다. 그 밖의 많은 지역 학교들도 설립자의 은덕을 기리기 위해 동상과 기념관 등을 세워 보은하고 있으며 후학들에게 교훈과 사표로 삼고 있다. 지금까지 없었던 것도 새로 만들고 어떻게 하면 설립자의 공덕에 조금이나마 보은이 될까를 고심하고 있는 판인데, 위에 지적한 울산의 경우에는 있는 것마저 말살해버리니 그 의도가 무엇인지 의구심을 금할 수 없다.

특히 교육기관에서 보은을 무시하는 정책으로 학생을 가르친다면 이 나라의 장래에 어떤 영향을 미칠지 염려스럽다.

우석 선생은 가셨지만 고향 울산에 남긴 발자취는 영원히 지워지지 않을 것이다.

이부열 제4 수필집

야래향

인쇄 2017년 09월 25일
발행 2017년 09월 30일

지은이 이부열
발행인 서정환
펴낸곳 수필과비평사
주소 서울시 종로구 삼일대로 32길 36(익선동 30-6 운현신화타워 빌딩) 305호
전화 (02) 3675-3885(063) 275-4000 · 0484
팩스 (063) 274-3131
이메일 shina2347@naver.com　essay321@hanmail.net
출판등록 제300-2013-133호
인쇄 · 제본 신아출판사

ISBN　979-11-5933-116-9　03810

값 13,000원

이 도서의 국립중앙도서관 출판시도서목록(CIP)은 서지정보유통지원시스템 홈페이지(http://seoji.nl.go.kr)와 국가자료공동목록시스템(http://www.nl.go.kr/kolisr.et)에서 이용하실 수 있습니다.(CIP제어번호: CIP2017023746)

Printed in KOREA